한눈에 읽는 외식창업 성공이야기 [시리즈 1]

외식산업 혁신성장전략

김병욱 지음

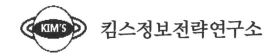

킴스정보전략연구소

김 병 욱 소장

킴스정보전략연구소 소장인 김병욱 박사는 소상공인 창업 지원 연구, 개발, 평가, 심사, 위원으로 활동하고 있으며, 삼성그룹사가 작사와 1등을 뛰어넘는 2등 전략과 창업 틈새 전략 외 150여 권의 저서를 발표한 바 있다.

그 밖에 방송·산업체 강의, 평가 등의 활동과 동시 월스트리트저널에 의해 21세기 아시아 차세대 리더에 선임된 바 있는 정보전략가임과 동시 경영컨설턴트이다.

Contents

Contents

Contents

Contents

I

외식산업 시장환경과
소비 트렌드 전망

1. 외식산업 시장의 전망

1) 외식산업 시장동향

국내 외식산업의 패턴은 신감각형 신업태의 출현과 기존 일반음식점의 근대화가 서서히 가속화되면서 복잡·다양하게 전개될 뿐만 아니라 외식부문별 창의적인 아이디어가 가미된 차별화 브랜드가 주도하는 형국이다. 또한 민속형 요리점, 절충형 요리점, 감각형 요리점의 등장이 예견되면서 고감도 산업으로 다음과 같이 진입할 것이다.

첫째, 하이테크와 하이터치가 접목한 고감도의 감각형 음식점의 태동이다. 아주 기능적이고 정서적이며 인간적인 감성연출이 자연스럽고 원초적으로 진행되는 쾌적성 점포의 출현이 바로 그것이다. 이와 같이 변화와 발전이 예견되고 있는 외식산업은 선진국에 비해 성장 템포가 크면서 빠르게 진행되고 있는 것이 국내 산업의 실상이다. 따라서 21세기 국내 외식산업의 미래구도는 일본의 스카이락 및 로얄그룹과 같은 전문외식그룹의 성장이 예견된다.

둘째, 이문화와 이민족 간의 절충으로 한식에 일식이나 양식의 감각을 도입하거나 역으로 양식에 한식이나 일식 혹은 중국요리의 기법을 도입하여 종래에 없었던 감각의 표현을 연출하는 절충요리점의 출현이다.

셋째, 새로운 미각·식사형태·감각을 연출하면서 차별화된 공간에서 지적인 자극을 받거나 이제가지의 식상한 맛과 분위기에서 새로운 민속·민족음식점의 출현을 요구하게 된다.

〈표 1-1〉 한국 외식시장의 전망

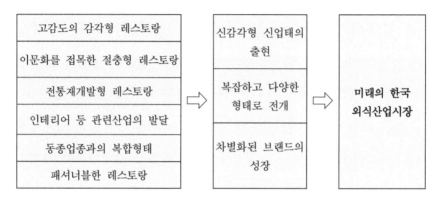

전통적인 것을 현대에 끌어들여 새로운 감각을 표출한다든지, 혹은 복고풍을 반영한 현대적인 점포로 전통음식·건축양식·분위기 등을 종합하여 우리 옛것의 정감 어린 향수를 현대 속에서 새로운 가치로 되살리는 전통재개발형 민속음식점이 탄생하고 있다. 또 관련 산업인 인테리어·주방·설비·컨설팅관련 전문지 등의 발전과 속출이 예견된다. 나아가 농장공원·유원지·휴게소·휴양지는 물론,

호텔·스포츠센터·리조트·골프장, 패션 등과의 복합화와 건설·부동산·유통·식재·식품산업과도 연결하여 시대적인 소비 패턴에 맞게 패셔너블한 점포연출이 지금보다 더 중요시 될 것이다.

〈표 1-2〉 생활가치관 관련 2020년대 주목할 외식경향

가치관의 변화	주목할 분야	증가되는 식품
편리함·간편함 강조	냉동조리식, 조리식품, 반조리식품, 패스트푸드, 인스턴트 식품	라면, 도시락, 어묵, 샐러드, 반찬류, 김치, 레토르트 식품
건강 중시	건강식품, 자연식품, 유기식품, 건강증진식품	녹황식품, 요구르트, 대두식품, 미네랄 워터
미(美) 중시	식탁의 고급화 연출, 전문 레스토랑	고급빵(유명제과점), 아이스크림, 커피, 식기의 고급화
낙(樂) 중시	외식의 레저화, 요리교실, 조리기구	음용수, 커피

2) 외식산업 변화요인

(1) 매뉴얼화

미래 레스토랑경영의 핵심은 매뉴얼(manual)화에 있다. 매뉴얼화 시스템은 대량생산·대량판매를 가능하게 하고, 인력절감에 기여할 수 있으며, 원가절감·품질균등화·프랜차이즈를 추진하는 데 필요하

다. 특히 다점포를 효율적으로 운영하기 위하여 매뉴얼화되어 진행되면서 집중적으로 처리하는 센트럴 키친 시스템(central kitchen system)의 도입이 증가되고 있다.

센트럴 키친 시스템이 도입될 경우, 대량으로 조리가 가능하기 때문에 원가를 절감할 수 있고, 식자재의 생산·판매에 걸쳐 토털 시스템(total system)으로서의 기능을 갖게 된다. 첨단과학기술은 주방산업을 발전시키고 있다. 특히 컴퓨터 기술의 응용은 메뉴 및 주문, 회계관리, 판매분석, 원가관리, 고객·인사관리, 시장정보축적 등 효율적인 업소경영에 기여할 것이다.

(2) 글로벌화

최근 한국음식의 글로벌화 바람이 부는 데는 몇 가지 원인을 찾아볼 수 있다. 우선 드라마 '대장금' 및 연예인들을 중심으로 한 한류가 자연스럽게 한국음식으로 이어지고 있는 것이다. '대장금'의 영향으로 궁중음식 등 한국문화에 대한 관심이 높아졌으며, 비빔밥이 홍콩 기내식으로 성공하기도 하였다. 이러한 한국음식의 한류는 아시아권을 중심으로 한국음식 레스토랑수가 증가하고, 또 이들 한국음식 레스토랑을 찾는 현지인들이 늘어나는 현상을 보이고 있다.

세계적 트렌드인 웰빙열풍도 한국음식에 대한 관심을 높이는 요인으로 작용하고 있다. 찌거나 굽는 조리법, 장류·김치 등의 발효음식 등이 웰빙 트렌드와 슬로푸드에 부합하는 건강식이라는 이미지가 각인되고 있는 것이다.

〈표 1-3〉 한국음식의 글로벌화요인

한식의 세계화요인					
한류의 음식으로 자연스런 연계	세계적인 웰빙의 트렌드	외식업체들의 활발한 해외진출	음식산업의 고부가가치, 새로운 성장 동력 산업	문화산업의 활발한 해외 진출	국가의 위상 및 인지도 상승

뿐만 아니라 음식산업이 고부가가치산업의 새로운 성장동력으로 떠오르는 것 역시 한국음식의 글로벌화 움직임을 부추기는 원인으로 작용하고 있다. 한국산업연구원(2017)의 조사에 따르면 국내 음식업의 생산유발액은 37조원으로 반도체(34조 원)와 자동차(33조원)보다 높으며, 수출유발액 역시 3조9,000억 원으로 선박산업(3조원)보다 앞선다. 고용유발액 또한 52조원(8만명)으로 자동차 7조원(9만명)과 반도체 8조원(9만명)을 앞지르고 있다.

이와 함께 2002월드컵, 2018년 2월 평창 동계올림픽 개최 등 국제대회(행사) 개최, 축구·야구·골프 등 세계적으로 활동하고 있는 운동선수, 각종 문화산업의 활발한 해외진출 등을 통해 우리나라의 위상 및 인지도가 높아진 것 역시 외국인들이 한국과 한국의 식문화·음식에 관심을 갖게 된 계기로 작용하고 있다.

미국 뉴욕 맨해튼 40번가. 파리바게뜨는 4층(연 면적 373㎡) 규모의 이 매장에서 '오봉팽(Au Bon Pain)', '파네라브레드(Panera Breads)', '프레따망제(Pret A Manger)' 등 현지 베이커리 브랜드와 격전을 벌이고 있다.

한국 토종 외식 프랜차이즈들이 2000년대 중반 해외로 눈을 돌리기 시작한지 10여년만인 현재 안착했다는 평가를 받고 있다. 농림축산식품부가 발표한 '2016년 국내 외식기업 해외진출 현황'을 보면 총188개 외식기업이 50개 국가에서 5476개 매장을 운영 중이다.

2017년 사드 여파와 글로벌 경제 침체로 국산 프랜차이즈의 해외진출이 난항을 겪고 있지만 독특한 메뉴와 현지화, 끝없는 도전으로 해외 시장에서 성공하는 브랜드도 적지 않다.

SPC그룹의 파리바게뜨는 2004년 9월 중국 상하이를 시작으로 해외시장 공략에 나섰다. 2017년 8월말 현재 중국·미국·베트남·싱가포르·프랑스에 270여개 점포를 열고 한국 베이커리의 우수성을 세계에 알리고 있다. 파리바게뜨는 현재 베이징, 상하이 등 중국 주요 도시에 190여개 매장을 운영 중이다. 미국에는 2002년 현지 법인을 설립했다. 2005년 LA 한인타운에 1호점을 열었고, 2016년에는 미국 캘리포니아 새너제이에서 본격적인 가맹사업에 나섰다. 파리바게뜨는 2020년까지 미국에 300여개까지 매장을 확보할 계획이다.

CJ푸드빌의 '뚜레쥬르'는 해외에 340개의 매장을 보유하고 있다. 중국의 경우 직접 진출과 마스터프랜차이즈(MF) 진출 두 가지 방식으로 공략 중이다. 한식브랜드 비비고는 미국·영국·중국·인도네시아 등 4개국에 진출했다.

피자 프랜차이즈 '피자마루'는 2014년 3월 베이징 1호점을 오픈했다. 2년 뒤에는 충칭에도 매장을 개장했다. 이후 뉴욕과 홍콩에도 피자마루의 간판을 세웠고, 현재 싱가포르 진출을 준비 중이다. 피자의 본고장 미국에 진출한 국내 피자 브랜드는 흔치 않다.

제네시스BBQ그룹은 2003년 중국을 시작으로 해외 32개국에 500개 매장을 운영 중이다. 현지 진출 MOU를 맺은 국가는 57개국이다. BBQ는 K-푸드에 대한 인기를 무기 삼아 한국식 메뉴 및 컵밥 등을 도입할 예정이다.

맘스터치는 2016년 4월 대만 남부 타이난시에 매장을 오픈했다. 9월에는 베트남 경제 수도 호치민에 매장을 열어 동남아 진출을 위한 교두보를 마련했다. 올해 2월에는 외식 프랜차이즈의 본고장 미국에 법인을 설립했다.

분식과 간편식도 인정받고 있다. 떡볶이 브랜드 두끼떡볶이는 중국과 대만, 싱가포르에 진출했다. 더컵은 홍콩·싱가포르·인도네시아 등에 진출했으며, 2016년 3월 국내 분식 프랜차이즈 최초로 프랑스에 1호점(몽펠리에)을 오픈했다. 피자 전문점 '미스터피자', 고기구이 전문점 '본가', 빙수 전문점 '설빙'도 미국·일본·중국에서 선전하고 있다. 태국의 경우 자국의 프랜차이즈 업체가 해외에 진출할 경우 비용의 50%를 지원해 주는데 한류가 전 세계로 퍼져 나갈 때 우리나라의 음식문화도 함께 파고들어야 하는데, 영세한 업체의 해외진출은 사실상 정부의 지원 없이는 '그림의 떡'이다.

2. 외식소비자의 소비 트렌드

지속적인 경기침체로 인해 소비자의 트렌드가 급변하고 있다. 불황이 깊어질수록 소비자는 가격에 민감 하지만 최근 들어 가격대비 가치를 추구하는 고개들의 니즈는 상상을 초월한다. 과거 디자인과 브랜드를 선호하던 시대가 가고 가격과 품질을 우선시하는 소비자가 급증하고 있는 것이다.

최근 소비자들은 싼 가격을 찾아 시간과 노력을 아낌없이 투자하고, 성능만 좋으면 부족한 서비스 등 일부 불편함도 과감히 감내하겠다는 것이 저성장시대 소비자의 트렌드로 자리 잡아가고 있다. 해외 직구족 증가와 저가 항공사의 급성장 등이 대표적인 사례라 하겠다. 이마트가 전국의 매장 이용객 2억8200만명을 대상으로 구매한 상품 매출을 분석한 결과 소비자들이 가장 선호한 상품은 '반값(Half price)'으로 세일하는 제품이었다.

1) 가격에 민감한 고객, 싸면 된다

외식소비자의 트렌드도 이와 크게 다르지 않다. 최근 유행하는 한식뷔페의 경우 2~3시간을 기다리는 불편함을 마다하지 않는 것이 일반화되고 있다.

소비자들이 이러한 불편을 겪으면서도 한식뷔페를 이용하고자 하는 욕구는 무엇을 의미하는지 깊이 생각해 볼 문제이다. 대다수 외식업체가 역사상 최악의 불황을 겪고 있음에도 불구하고 한식뷔페를 비롯한 일부 업체들의 대박행진은 결국 가격대비 가치를 줄 수 있는 경쟁력이 중요함을 말해준다. 위에서 지적한대로 최근 소비자들의 트렌드는 서비스는 물론이고 불편함도 과감히 감내하겠다는 의식이 외식업계에도 그대로 반영되고 있는 좋은 사례라 하겠다.

불황이 깊어지면 깊어질수록 외식소비자들에게 나타나는 트렌드 중 첫째는 '가격'이다. 즉 싸면 된다. 그러나 여기서 싸다는 의미는 무조건 가격만 싸다는 것이 아니다. 싸지만 맛있어야 하고 싸지만 양도 많아야 한다. '싸지만' 뒤에 따르는 조건이 바로 경쟁력이며, 바로 이것에 소비자들이 열광하는 것이다. 즉 가격대비 가치가 충분해야 관심을 갖기도 하고 구매도 한다. 따라서 고객은 절대 손해 보지 않으려 하고 수없이 많은 것을 요구하고 있다.

최근 호황을 누리는 한식뷔페의 가장 큰 경쟁력은 첫 번째로 절묘한 가격전략이다. 외식업의 최대 고객인 40~50대 주부들은 제아무리 좋은 음식이라도 지출할 수 있는 한도금액이 있다. 지출할 수 있는 가격의 저항선, 혹은 절대 넘을 수 없는 가격의 벽이 존재한다. 그런데 한식뷔페는 주부들의 절대 지출 금액인 중식 1만2000원대, 석식 2만5000원대의 매가 전략을 만들었다.

두 번째는 '편안함'이다. 최근 외식소비자는 어릴 때부터 익숙하게 먹었던 음식을 선호하고 편안한 시설과 분위기에 열광하게 된다. 최근 호황을 누리는 한식뷔페나 쌈밥전문점 메뉴들은 건강을 지향하는 한편 어린 시절부터 익숙하게 먹었던 편안한 음식이 대부분이다. 이와 함께 즉석에서 기계냉면이나 영양돌솥밥을 제공하는가

하면 바비큐까지 먹을 수 있다.

시설과 분위기 역시 어린 시절 익숙하게 접했던 부뚜막이나 무쇠 밥솥 등 정겨운 시설과 분위기가 소비자들의 추억을 되살리는 한편 정겹고 편안한 분위기를 제공하고 있다.

2) 새로운 트렌드 '작은 사치'

불황이 지속되면서 소비자는 가격에 민감할 수밖에 없다. 그러나 예외의 경우가 있다.

장기간의 경기침체로 인해 젊은층들은 과거처럼 집이나 자동차를 산다거나 명품을 사는 것을 부담스러워 하고 기피하는 경향이 짙어지고 있는 반면 이에 대한 보상심리로 자신의 수입만으로도 충분히 기쁨을 누릴 수 있고, 지출할 수 있는 정도의 사치를 누리려는 심리가 증가하고 있다. 1~2만원을 지출해 기쁨과 즐거움, 행복을 만끽할 수 있는 사치를 부릴 수 있다면 기꺼이 지출하겠다는 자기만족이다. 이를 우리는 '작은 사치'라 한다.

젊은 여성들은 이를 디저트에서 찾으려는 경향이 매우 높아 최근 수없이 많은 디저트가 외식시장의 새로운 트렌드로 떠오르고 있다. 디저트에 열광하는 소비자의 트렌드를 잘 이용하는 곳이 최근 신 상권으로 떠오르고 있는 몰이다. 코엑스몰이나 제2롯데월드 등 새로운 몰에는 식당과 함께 고급 디저트 매장 입점이 활발하다.

또 롯데, 신세계, 현대, 갤러리아 등 백화점들도 앞다퉈 디저트 매장을 확장하거나 경쟁적으로 신규 브랜드 입점을 모색하고 있다. 특히 일본이나 미국 등 선진국에서 인기몰이를 하는 디저트의 경우 입점 경쟁이 치열하다. 미국이나 일본 등지에서 인기를 끄는 매장이 어느 순간 국내에 입점해 있는 모습을 쉽게 볼 수 있다.

3) 외식의 새로운 트렌드 '융복합'

외식트렌드의 변화가 우리나라처럼 빠른 국가는 없다. 다양성 역시 마찬가지이다. 최근 뜨고 있는 홍대상권이나 강남상권, 가로수길 등 젊은이들이 모이는 지역을 보면 국내 외식업계의 빠른 변화를 실감하게 된다. 과거에는 상상도 하지 못했던 융복합을 이용해 개발한 메뉴가 인기를 끌고, 1~2년이 지나면 또 언제 그랬냐는 듯 무섭게 무너져 내리고 새로운 메뉴가 떠오르고는 한다.

중·장년 세대는 도저히 이해할 수 없는 융복합 콘셉트로 짬뽕과 파스타, 피자 등을 함께 취급하는 점포가 인기를 끄는가 하면 등갈비에 치즈를 섞은 메뉴가 인기 상종가를 기록하고 지금도 그 인기가 계속되고 있다. 이 밖에도 일일이 열거할 수 없을 정도의 다양한 메뉴가 생겨났다가 사라지곤 한다. 기성세대는 도저히 따라갈 수 없을 정도의 숨 막히는 빠른 변화가 계속되고 있다.

그러나 특징적인 것은 지난 수년간 잠시 반짝하고 사라지는 핫 트렌드만 반복될 뿐 과거처럼 외식업계 전체를 리드하는 메가트랜드를 찾아볼 수 없다는 점이다. 과거에는 외식소비자의 필요(needs)와 욕구(want)가 소비의 근간이 되었다면, 최근의 젊은 소비층은 재미(fun)와 즐거움 그리고 진기하고 독창적인 것에 열광한다.

따라서 외식업은 '이제 더(~er)'를 통해 성장할 수밖에 없다. 더 맛있는 음식, 더 좋은 서비스, 더 좋은 시설과 분위기 그리고 재미와 즐거움, 행복을 줄 수 있으면서도 저렴한 가격을 만들어 내는 일이다. 이를 통해 가격대비 가치를 창출해야 살아남을 수 있고 지속성장이 가능하다.

지금과 같은 장기불황과 저성장시대에 생존하고 지속성장을 하기 위해서는 가격대비 가치를 만들기 위한 각고의 노력과 고통을 감내해야 한다. 세계 최대 기업인 미국의 제네럴 일렉트리(GE)의 CEO를 지낸 잭 웰치(Jack Welch)의 말대로 "고객을 잃지 않는 최선의 방법은 더 많은 것을 더 낮은 가격에 제공하는 방법을 끊임없이 강구하는 일"이다.

〈표 1-4〉 소비 트렌드 비교

구분	페이스 팝콘	한국외식 연구소	LG경제 연구소	삼성경제 연구소	한국무역협회 무역연구소
건강 지향	건강지수, 행복찾기변신, SOS, 젊어지기	몸과 마음을 건강하게, 오염된 지구를 지켜라, 옛날이좋았지	느린 삶이 더 좋은 다운 시프트	-	웰빙의 진화, 신개념 '공정무역'
편의화	코쿠닝, 99가지 생활	방콕 스타일, 바쁘다 바빠	안전하게 즐기는 디지털 코쿠닝, 바쁨을 먹고사는 도우미, 소비큐레이터, 움직이는 소비자 트렌슈머	유목성향	컨버전스 시대
고급화	작은 사치, 개성찾기	나는부자이고 싶다, 나는 나, 키드 짱, 예쁘게 더 예쁘게	적은 비용 큰 만족 찾는 가치소비, 사이버세상의 자아 웹 아이덴티티	감성중시, 고급지향	양극화, 나노 경제의 등장, 브랜드가 구매결정
합리성 추구	소비자감시, 우상파괴, 공포의 기류	너무 똑똑한 소비자, 누가 진정한 위인인가	두 마리 토끼를 원하는 가치소비	스마트 소비	-
즐거움 지향	유유상종, 환상모험, 반항적 쾌락, 마음의안식처	끼리끼리 커뮤니티, 뭐 재미있는거 없나	최고 찾아 떠나는 서비스 투어리즘, 문화를 파는 컬덕		-
여성 부각	여성적 사고, 남성해방	여자세상	메트로 섹슈얼리즘		여성소비자 부상

전체적으로 식생활에 있어서 생존적 차원의 요구는 상당히 약화되었고, 양보다는 질이나 맛·분위기를 중시하는 자유선택적 요구가 하나의 소비 트렌드로서 자리 잡고 있다. 그리고 건강에 대한 관심의 고조로 건강한 생활지향적으로 삶이 바뀌고, 청결이나 위생을 중시하고, 고급화·개식화·간편식화·외식화 및 간식업의 발전 등도 다양해지는 식생활의 변화추세로 볼 수 있다. 이러한 변화는 소가족화, 여성의 사회진출, 독신자의 증가 등의 가족변화와 함께 더욱 가속화 되고 있다.

① 편리함과 간소함의 추구 : 일반적으로 가족의 감소와 여성의 사회진출이 증가하는 가운데 식사의 준비 등에 소요되는 시간을 감소시키고자 하는 욕구가 증대되고 있다. 이러한 경향은 식생활형태의 변화뿐 아니라 식단의 내용까지도 변화시키는 중요한 원인이 되고 있다. 따라서 짧은 조리시간이 요구되는 즉석식품이나 반조리·완전조리상품 등의 가공식품, 인스턴트식품, 레토로트식품 등의 수요가 증가하는 추세이다.

② 건강지향성 : 향수 식생활의 중요 이슈가 될 중요한 특징 중 하나인 '건강지향성'은 비만이나 각종 성인병을 미리 예방할 수

있다는 예방의학차원에서 특히 각광을 받고 있다. 인간수명의 증가와 동시에 건강히 오래 살고 싶은 욕구가 표출되면서 건강식품이나 건강보조식품, 환경친화적인 농산물 등의 수요가 증가하는 추세이다. 실제로 유기농으로 재배한 야채나 콜레스테롤이 적은 음식, 다이어트식품, 미용식품, 건강성 기능음료 등을 중심으로 수요가 급증하고 있는 추세이다.

③ 미식가형 식문화 추구 : 지금까지는 식사장소를 선택하는 데 있어 가격과 음식의 맛 및 지리적 접근성이 중요한 요인이었으나 이제는 먹고 싶은 음식을 어디에서나 빠르고 쉽게 먹기를 원하고 있다. 규격적인 음식과 셀프서비스 및 시간절약을 지향하는 패스트푸드점과 같은 간편식으로 발전되어 감과 동시에, 더욱 고도화되고 까다로워지는 미각의 충족, 고급스러운 분위기 속에서 쾌적한 서비스를 받고 싶어 하는 욕구 또한 동시에 증가되고 있다.

소비자의 욕구가 점점 고급화되어 감에 따라 외식업도 고급화·전문화·고감성화 되어 가는 추세이며, 이제는 단순히 식사를 위한 레스토랑이 아니라 소비자의 취향에 맞는 서비스·메뉴제공·분위기 등을 연출하는 종합적인 장소가 되었다.

〈표 1-5〉 2000년 이전의 외식산업과 2010년 이후 외식산업의 비교

구분 항목	2000년 이전의 외식산업	2010년 이후의 외식산업
1.핵심 고객	①1946~1964년에 태어난 베이비붐세대 ②단란한 가족 고객	①개성파, 신인류를 지칭하는 베이비붐 세대의 2세들 ②의학의 발달과 건강영양식품의 개발로 수명 연장에 따른 65세 이상의 실버세대
2.성장 업종·업태	①롯데리아, 맥도날드와 같은 패스트푸드 ②스카이락, 코코스와 같은 패밀리레스토랑 ③TGIF, 아웃백스테이크, 베니건스와 같은 대형 레스토랑 ④놀부, 투다리, 제너시스 등과 같은 다브랜드 프랜차이즈 기업	①하드락카페, 푸드카페 등 캐주얼 레스토랑 ②피자, 햄버거, 스파게티, 우동, 국수, 만두, 냉면 등과 같은 소규모 전문점 ③유기농, 자연식과 같은 웰빙, 로하스, 슬로우 푸드, 사찰음식, 발효음식, 힐링 등
3.소비 형태	①대량생산과 대량소비 패턴 ②획일적인 소비인 모방소비와 저가주의 형태 ③빠른 조리, 신속한 서비스가 효율성의 기준	①개성화(탈일상화)의 차별화 ②개식화(個食化)와 소식화 ③1일 3식에서 5식화 ④다이어트를 위한 편식화, 기능식화, 건강식화 ⑤주5일 근무 확대실시에 따른 여행, 오락에 관련된 외식업발전 ⑥지산지소의 로컬푸드 소비의 확산
4.인구동태, 사회구조	①주니어세대인 10~20대의증가 ②노인층의 점진적 증가 (7~8%) ③핵가족	①의학발달에 따른 실버족의 증가(2030년 23~24%로 추정) ②아이를 갖지 않는 맞벌이 부부인 딩크(DINK, Double Income No Kids)족의 증가

자료 : 김현희 이대홍(2015), 「외식창업실무론」, (서울 : 백산출판사), 18-19.

3. 외식경영, 왜 이렇게 어려울까?

1) 외식시장은 이미 과잉경쟁 상태다

2008년 한국은행에서 한·미·일 3개국의 음식점 수를 조사한 결과를 발표했다. 외식업소 1곳당 인구수는 한국 82명, 미국 555명, 일본 175명이었다. 2012년을 기준으로 했을 때 한국은 외식업소 1곳당 인구수가 71명으로 2008년에 비해 그 수가 11명이나 줄었다.

이러한 과잉경쟁의 시장구조는 음식점 폐업률에서도 나타난다. 정부의 2013년 '국세통계연보'에 의하면 2011년에 신규 창업한 자영업은 99만4000개, 폐업한 자영업은 84만5000개로 폐업률이 무려 85%를 기록했다. 업종별로는 음식점 폐업률이 94%로 1위를 차지했다. 이는 1년에 10명이 창업하고 9.4명이 폐업한다는 것을 의미한다. 실제로 2011년 한 해 동안 국내에서 신규 창업한 식당이 18만9000개, 폐업한 식당이 17만8000개에 달했다. 이는 식당 성공 가능성이 그만큼 낮다는 것을 뜻한다. 이런 상황에도 자영업으로 내몰리는 은퇴자나 퇴직자들은 줄지 않고 오히려 증가하는 추세다.

외식시장이 과잉경쟁 체제로 변하게 된 근본 원인은 몇 가지로 나눠볼 수 있다.

첫째, IMF 경제위기 때 많은 기업의 부도와 구조조정으로 명예퇴직자와 정리해고자들이 대거 발생해 이들 중 상당수가 외식시장으로 유입된 것이 가장 큰 요인이다.

둘째, 취업을 못한 청년 실업자들마저 식당 창업에 나서고 있어 가뜩이나 치열한 과잉경쟁을 더욱 부추기고 있다. 한국외식업중앙회에서 발표한 자료에 의하면 IMF 경제위기가 발생한 1997년 말 국내 음식점 수는 40만개였으나, 2012년 말 70만개로 급격히 늘어났다. 그런데 IMF 경제위기가 터진 1997년 말에 국내 외식시장은 이미 포화상태에 이르렀다는 분석이다.

2) 외식인구가 줄어들고 있다

2015년 통계청 자료에 의하면 우리나라는 1990년에 전체 인구 대비 65세 이상 노인인구가 5.1%였으나, 2000년에 7.2%를 기록해 고령화 사회에 진입했다. 2015년에는 12.2%로 나타나서 노인인구가 처음으로 600만명을 돌파했다. 이런 추세라면 2020년에는 14.3%에 달할 것으로 보여 고령 사회를 예고하고 있다. 고령화 사회의 주요 원인은 고령자의 수명 연장과 낮은 출산율이다. 이로 인한 가장 큰 문제점은 노동인구가 감소해 경제성장이 둔화되는 것이다. 그리고 경제활동을 하지 않는 노인인구가 늘어나면서 소득이 줄어들고 소비는 급격히 감소해 내수경제가 위축된다. 이러한 고령화 현상의 소용돌이 속에서 가장 큰 영향을 받는 업종이 서비스산업이다. 또 출산율 저하로 외식이 활발한 젊은층은 줄고, 외식보다는 집에서 먹는 것을 선호하는 노인층은 늘어나서 전체 외식인구가 줄어드는 현상이 점점 심화될 것으로 예상된다.

3) 창업비용 많이 들고 이익내기 더 힘들어진다

임대보증금, 권리금, 인테리어 공사비, 주방설비 구입비 등 식당 창업비용이 갈수록 증가하는 추세다. 하지만 창업자는 항상 자금 부족에 시달린다. 창업을 앞둔 평범한 샐러리맨이 여윳돈으로 창업에 나서는 경우는 거의 없다. 대부분 은행에서 대출받거나 주변에서 융통해 부족한 창업자금을 마련한다. 그러나 과도한 부채는 원금상환과 함께 이자 부담으로 이어지고 적자의 주요 원인으로 작용한다. 또한 부채에 의존해 식당을 창업하면 여유자금이 모자라서 식당 운영이 위험해진다. 중소기업청 산하 소상공인진흥원에서 조사한 2015년 전국 소상공인 실태조사 결과에 따르면 음식점의 월평균 순이익은 212만원으로, 일반 직장인 월급보다 낮은 것으로 나타났다.

인력난 역시 갈수록 심해지고 있다. 구직난과 구인난이 동시에 벌어지는 인력수급 불균형 현상은 오래전부터 계속되고 있다. 이런 상황에서 험한 식당일을 하려는 사람을 구하기란 힘들다. 일할 사람을 찾기가 어려우니 인건비는 올라가고, 높은 인건비는 식당 저수익의 주요 원인이 되고 있다. 이때 가족의 도움이 있으면 운영이 수월해질 수 있다.

4) 소비의 양극화 현상이 심화되고 있다

IMF 경제위기 이후 고소득층은 더 많은 재산을 모은 반면 직장에서 내몰린 중산층은 무너지고, 빈곤층은 가난의 대물림을 하고 있는 상황이 우리 사회의 엄연한 현실이다. 소득격차가 커질수록 소비수준의 차이도 벌어진다. 즉, 소득과 소비의 양극화는 똑같이 진행된다. 물가는 오르는데 소득이 감소하면 사람들은 지출을 줄인다. 그리고 외식은 줄여야 하는 지출 대상의 맨 첫 번째에 있다. 다시 말해서 소비의 양극화는 음식가격의 양극화, 식당규모의 양극화를 촉진하게 되는 것이다. 이렇듯 소비의 양극화가 발생하면 경제적으로 여유가 있는 사람은 여전히 고급식당에서 외식을 즐길 수 있지만, 저소득층은 물론이고 중산층마저도 외식횟수 자체를 줄이게 되고 저가

메뉴를 선호하는 경향이 나타난다. 이에 따라 대규모 고급점포와 소규모 생계형 점포로 나뉘는 식당의 양극화 현상이 심화되면서 중간 규모의 식당은 점차 사라지고 있는 추세다. 그런데 대형 고급점포는 큰 자금이 필요하고 경험과 노하우 없이는 성공하기 어렵기 때문에 초보 창업자는 당연히 소규모 식당 창업에 나설 수밖에 없는 상황이다. 거기다 속수무책, 갑작스러운 재앙이 자주 찾아온다. 광우병, 구제역, 조류인플루엔자(AI), 계란파동 등 전국을 발칵 뒤집어 놓은 가축전염병은 해당 업종의 식당에 직격탄이었다. 그래서 최근에는 소고기와 돼지고기를 같이 파는 고기전문점들이 흔해졌다. 사실 한 식당에서 판매하는 메뉴로 소고기와 돼지고기는 서로 어울리지 않는다. 그럼에도 두 가지를 같이 판매하는 현상은 무서운 가축전염병의 위험을 조금이나마 막아보려는 고육지책에서 나온 것이다.

　그밖에도 경영자의 대부분은 조급증에 걸려있다. 2017년 '소상공인 실태조사 보고서'에 의하면 응답자의 85.8%가 일반 직장인에서 자영업을 하게 된 동기로 '다른 대안이 없어서, 생계유지를 위해서'라고 응답했다. 또 식당 창업 준비기간은 '3개월 미만'이 식당 창업자의 37.9%로 나타났다. '3~6개월'은 28.9%에 머물렀고, '6개월~1년 미만'은 14.2%, '1년 이상' 준비하는 경우는 19.1%에 불과했다. 식당 창업을 위한 준비기간은 길면 길수록 유리하고 성공 가능성도 높아진다.

4. 외식산업의 수요와 전망

1) 외식산업 총매출 사상 첫 108조 원 돌파

우리나라 외식산업의 연간총매출이 처음으로 100조 원을 넘어섰다. 농림축산식품부가 발표한 '2017 식품산업 주요 통계'에 따르면 지난 2015년 국내 외식산업의 연간총매출은 108억 원으로 집계됐다. 이는 지난 2014년 83조820억 원보다 24조 원 이상이 늘어난 수치다. 국내 외식산업 매출은 지난 1986년 10조6032억여 원(2006년 한국외식연감)에서 1996년 31조3945억여 원, 2005년 46조2530억여 원, 2012년 77조2850여억 원 등으로 가파르게 증가해 왔다.

음식료품 제조업의 연간총매출은 84조 원으로 10년 전인 2005년 43조7천억여 원에서 2배나 성장했다. 여기다 외식산업 매출을 더한 식품·외식산업 연간 총매출은 192조 원 규모다. 이는 2005년부터 2015년까지 외식업의 경우 연평균 8.9%, 식품제조업은 6.8% 성장한 것으로 국내총생산(GDP)의 연평균 성장률 3.6%를 크게 웃돌았다.

농식품부는 외식업의 성장 요인으로 1인 가구 증가 및 외식 프랜차이즈의 꾸준한 증가 등을 꼽았다. 하지만 질적인 성장은 기대에 못 미치는 것으로 나타났다. 특히 전국적으로 66만여 개의 외식업소가 영업 중으로 인구 78명당 1개의 분포를 보였다. 산술적으로 보면 국민 전체가 1년 내내 삼시세끼 외식을 한다고 해도 하루 78명의 고객이 음식점이나 주점을 찾는다는 얘기다. 외식업 창업자 10명 중 7명이 3년 안에 폐업하는 이유는 이 같은 과당경쟁 때문이다.

산업구조도 취약했다. 전체 66만 개의 음식점 가운데 종사자 5인 미만의 영세 업소가 56만9천 개로 86.5%를 차지했다. 반면 종사자 10인 이상은 1만8천 개로 전체 2.7%에 불과했다. 업종별로 보면 한식 음식점업이 30만40085개로 가장 많았다. 이어 커피숍 등 비알코올 음료점업이 5만9656개, 분식·김밥전문점 4만3719개, 치킨전문점 3만2600개 순이었다. 업종별 총매출액은 한식 음식점업이 51조1천억 원으로 가장 많았고 주점업은 8조2천억 원, 기관구내식당업이 7조7천억 원이었다. 업체당 평균 매출액은 서양식 음식점업이 3억9천만 원, 일식 음식점업 3억2천만 원, 한식 음식점업 1억7천만 원, 치킨전문점 1억2천만 원, 분식·김밥전문점 8천만 원 순이었다.

외식업 종사자 수는 195만 명으로 집계됐다. 외식업 종사자와 식품제조업 종사자 33만 명을 합치면 총 228만 명으로 2006년 대비 25.6% 늘었다. 전체 산업에서 차지하는 비중은 10.9%다. 특히 외식업 종사자는 서비스업종 종사자 중 가장 많아 고용창출의 핵심 산업으로 꼽히고 있다.

2) 외식산업 성장 추이

2017년 통계청과 농림 축산부에서 조사한 결과를 보면 78명당 식당 1개, 집밥 덜 먹는 한국인이 뚜렷하게 감소하고 있음을 증명해 주었다(최혜령, 2017. 09. 11). 국내 외식산업 규모가 200조 원에 육박하고 국민 78명당 음식점 1개가 있는 것으로 나타내 그 수는 한식당이 가장 많았지만 매출은 서양식 음식점이 가장 높았다. 치킨 전문점의 연평균 매출액은 처음으로 1억 원을 넘어섰다.

음식점별 평균 매출액		종류별 음식점 수	
기관 구내식당	6억 9000만	한식 음식점	30만 4005
서양식	3억 9000만	커피숍 등	5만 9656
일식	3억 2000만		
한식	1억 7000만	분식 · 김밥 전문점	4만 3719
치킨	1억 2000만	치킨 전문점	3만 2600
분식 · 김밥	8000만		

자료: 통계청, 농림축산식품부

농림축산식품부와 한국농수산식품유통공사(aT)가 2017년 9월 10일 발표한 식품산업 주요 통계에 따르면 국내 식품제조업과 외식산업의 시장 규모(2015년 기준)는 약 192조 원이었다. 이 중에서 식품제조업 규모는 84조 원, 외식산업은 108조 원을 차지했다. 이 분야의 전체 종사자는 228만 명으로 2006년과 비교하면 25.6% 늘었다.

특히 외식업의 시장 규모(108조 원)는 2005년(46조3000억 원)의 2배 이상으로 커졌다. 이 기간 외식업의 연평균 성장률은 8.9%로 국내총생산(GDP)의 연평균 성장률(3.6%)을 크게 웃돌았다.

음식점 수는 66만 개로 집계돼 전년보다 0.9% 늘어났다. 주민등록 인구(5153만 명)를 감안하면 인구 78명당 음식점 1개가 있는 셈이다. 음식점 종사자는 194만5000명으로 외식과 교육 보건·복지 등 서비스업종 중에서 가장 많았다. 농식품부는 1인 가구가 증가하고 외식업 프랜차이즈가 꾸준히 늘면서 외식업이 지속적으로 성장한 결과라고 설명한다.

음식점 수는 늘었지만 영세 자영업자 비중은 여전히 높았다. 종사자 5명 미만의 소규모 음식점이 전체의 86.5%인 56만9000개에 달했다. 10명 이상이 종사하는 음식점은 2.7%에 불과했다. 종류별로는 한식 음식점(30만4005개)이 절반 가까이로 가장 많았고, 커피숍 등 비알코올 음료점(5만9656개), 분식집(4만3719개) 등이 뒤를 이었다.

치킨 전문점은 전년보다 1071개 늘어난 3만2600개였다. 반면 점포 1곳당 연간 평균 매출은 서양식 음식점이 3억9000만 원으로 가장 높았고, 일식점(3억2000만 원)과 한식점(1억7000만 원)의 순으로 나타났다. 치킨 전문점은 1억2000만 원으로 2014년 9990만 원보다 20.1% 늘어나며 성장률 1위를 차지했다.

3) 빈익빈 부익부, 무너지는 허리층

월간식당에서 2017년 8월 매출 상위 50개 외식기업을 대상으로 지난 2016년 실적을 분석한 결과를 보면, 매출 상위 50개 외식기업을 대상으로 지난해 실적을 분석했다. 분석 결과 이들의 합산 매출액은 10조7254억 원으로 전년 대비 5.40% 증가했다. 영업이익은 4185억 원, 당기순이익은 1542억 원으로 각각 전년 대비 21.43%, 21.55% 늘어났다. 다만 전체 실적 상승은 일부 상위 업체들이 견인차 역할을 했으며 대부분은 저조한 실적에서 벗어나지 못해 빈익빈 부익부 현상이 심화되고 있음을 확인 시켜주었다.

증시 상장을 준비 중인 본아이에프의 꾸준한 성장세도 눈길을 끌었다. 부침을 거듭했던 놀부도 지난해 순이익 흑자전환에 성공했고 삼원가든도 실적이 크게 높아지는 등 대다수 한식 브랜드가 성장세를 이어갔다.

커피업계는 명암차도 뚜렷했다. 스타벅스커피코리아와 이디야의 실적 증가가 두드려졌다.

(1) 상권의 양극화 심화

상권의 양극화 현상은 지난 몇 년 동안 꾸준히 진행돼 왔다. 특히 거대 쇼핑몰이 등장한 신도시와 구도심 재개발 지역의 상업용 건물이 공룡화 되면서 양극화는 더욱 극심해졌다. 이는 지속된 저금리로 인해 건설시행사들이 금융이익보다는 부동산을 통한 임대료와 수수료에서 수익을 본 원인이 크다. 또한 과거 대기업에서 기피해왔던 외식업에 대해 수익성 높은 사업이란 인식이 높아짐에 따라 새롭게 진입하는 대기업들이 늘어난 것도 하나의 원인이다.

이러한 대형 상가 경쟁력은 유통 소매, 생활서비스 기능에 핫플레이스 음식점이 들어선 하나의 거대한 몰(Mall)이 되어 시너지를 일으키는 구조다. 고객은 이러한 몰에서 모든 소비와 다양한 음식점을 즐길 수 있는 매력이 있기 때문에 2018년 이후에도 지속될 것으로 예상된다. 특히 거대 쇼핑몰과 대형 스트리트형 상가를 중심으로 고객이 집중되는데 비해 기존 로드샵은 침체가 늘어나고 있는 것이다.

따라서 로드샵에서 운영되고 있는 외식업체들은 거대 쇼핑몰 상권에서 따라 할 수 없는 자기만의 개성에 맞는 메뉴와 접객서비스를 내세운 전략이 필요하다.

(2) '1등' 한식뷔페 이은 신상품개발 필요

외식업의 1등 점포가 커피와 카페였다면 다음은 한식뷔페였다. 한식 뷔페의 입점 여부에 따라 상권의 격이 달라지기도 하고 대형 상가는 전체적인 MD 전략을 한식뷔페 중심으로 구성하기도 했다. 그만큼 대기업 한식뷔페의 집객효과가 뛰어났기 때문이다.

그러나 돌이켜 보면 한식뷔페의 거센 기세가 꺾였다. 한식뷔페뿐만 아니라 거대 쇼핑몰이 출점하고, 한식뷔페를 대기업이 운영하다 보니 획일화된 조리 때문에 차별화가 어려워 소비자가 점차 식상함을 느낀 것이다. 한동안 불황기 왕좌를 유지해왔던 한식뷔페가 어떤 변화를 나타낼지 귀추가 주목된다. 변화가 필요한 이유다.

(3) 대세는 '집밥'이다.

앞으로 외식업의 대세는 '집밥'이라는 것에 이의를 제기하는 전문가는 없을 것이다. 그러나 집밥을 경쟁력으로 내세운 프랜차이즈들이 최근 몇 년 사이 청국장, 시래기 등 청정 먹을거리를 갖고 여러 시도를 하고 있지만 지속될지는 지켜봐야 할 것이다. 집밥이 대세를 형성해 나가겠지만 프랜차이즈보다는 밥과 반찬, 메뉴의 깊은 맛을 낼 수 있는 독립 점포에서 더욱 경쟁력을 갖게 될 것이다. 즉, 프랜차이즈 업체에서는 고객이 집밥에서 기대하는 깊은 맛을 만들어 내는 데에 한계가 있을 것이기 때문이다.

(4) 혼밥·혼술 가능 점포, 본격 확산

독신가구가 늘어나면서 1인 비즈니스도 함께 증가하고 있다. 이는 '혼밥'과 '혼술'이 외식업 시장에서 정착하게 만들었다. 높은 임대료와 인건비 상승으로 인해 점포가 소형화됨에 따라 1인 또는 2인이 운영하는 점포가 늘고 있다. 이와 동시에 혼밥과 혼술이 가능하도록 주방과 홀 등의 변화가 가속화될 것이다. 이미 인건비 절감을 위한 티켓 자판기나, 주방과 홀 테이블이 일체화된 시스템이 정착돼가고 있는 것이 확산의 조짐이다.

(5) 다국적 야시장 문화의 증가

20대의 주점문화가 발달한 홍대나 골목상권에서 인기를 끌고 있는 것이 바로 다국적 야시장 콘셉트의 주점이다. 지난 몇 년간 몰아쳤던 스몰비어 열풍은 낮은 테이블단가로 인한 수익성 악화로 인기가 시들해지며 미들비어로 옮겨가는 추세다. 이중 하나의 패턴으로 주점의 다양화를 이끌 다국적 야시장을 표방한 주점들이 안착이다. 다만 이와 같은 아이템들이 과거 요리주점과 같이 메뉴가 30~40가지로 많아 높은 식재료 비중탓에 시장에 잘 정착할지는 두고 봐야 할 것이다.

(6) 가치소비에 따른 '가치창업' 기대

동일한 아이템이라도 어떤 가치 기준으로 어떻게 소비를 할 것인지에 대한 소비자의 기준이 명확해 질 것이다. 예를 들어, 고기시장에서 저가형 고기전문점 창업은 지속되겠지만 이에 못지않게 건식숙성 등의 프리미엄 고깃집의 창업도 활성화될 것으로 예상된다. 소비자는 명확한 자기만의 기준에 따라 소비함으로써, 중간 가격대나 중간 품질대보다는 적당한 품질에 낮은 가격 또는 아예 고품질에 비싼 가격의 소비를 지향하는 현상이 뚜렷해질 것이다. 이는 첫 번째로 언급했던 상권의 양극화와 함께 중간 상권이나 중간 가격대가 점차 설 자리를 잃어갈 것으로 보인다. 따라서 외식업 창업시장에서 고객의 소비 패턴을 명확히 분석한 아이템이나 브랜드를 선택해 창업해야 한다.

II

외식경영 틈새·우수 성공사례 분석

1. 외식서비스 우수 사례 분석

서비스는 매우 과학적으로 설계해야 하는 프로세스(process)라고 할 수 있다. 외식업체(음식점, 식당)라는 서비스 공간에서 어떤 일이 어떻게 이뤄져야 하는지 경영자가 명확하게 정의 내리고 설계하지 못한다면 서비스는 고객이 원하는 수준으로 제공하기 힘들다.

1) 외식업체 서비스 프로세스 청사진

〈표 2-1〉은 서비스 프로세스를 매우 단순하게 설계한 외식업체의 예다.

고객의 행동에 있어 초기 고객 입장에서부터 착석과 동시 메뉴북을 접수한 이후 주문 과정으로 이어지고 그리고 곧장 식사와 동시 계산후 퇴장의 순서를 제시하고 있다. 이때 고객의 행동에 따라 종업원의 가시적 행동 또한 달라지는데 고객접객시(입장) 좌석 안내와 동시 메뉴 북을 제시하여 주문을 받고 식사 전달 후 처리 과정이 하나의 프로세스로 유연하게 진행되어야 함을 제시하고 있다.

고객의 행동	고객 입장 ⇕	착석	메뉴북접 수 ⇧	주문 ⇓	식사 도착 ⇧	식사	계산 퇴장 ⇧
	---------상호작용선-----------------------------------						
종업원의 행동 (일선)	접객 좌석 안내		메뉴북전 달	주문 접수 ⇓	식사 전달 ↑	테이블정 리	계산 ⇧
	------------가시선-------------------------------						
종업원의 행동 (후방)			식사 준비	↱	⇓	잔반 처리	⇧ ⇧
	----------내부상호작용선-------------------------------						
지원 프로세스							신용/ 포인트 카드 시스템

자료 : 김영갑. 박노진, (2016) 「성공하는 식당에는 이유가 있다」 (서울 : 교문사), 85.

2) 서비스 프로세스 설계 사례 1

서비스 프로세스 설계를 위한 첫 번째 사례는 한정식 전문점 숟가락 반상 〈마실〉에 대한 내용이다. 〈마실〉의 경우 한정식을 취급하는 점포라는 특성으로 인해 서비스 프로세스를 조리 기준으로 설계

한 대표적 사례이다. 한정식은 다수의 음식이 연속적으로 실수 없이 제공돼야 하는 특징으로 인해 조리과정이 모든 서비스의 핵심적인 역할을 한다. 천안 숟가락반상 〈마실〉의 서비스 청사진을 보면 고깃집은 고기를 담당하는 육부장과 냉면담당, 반찬담당으로 역할 구분이 돼 있는 편이다. 보통의 음식점은 주방장이나 찬모가 음식을 대부분 조리한다. 주방에서 일하는 나머지 사람들은 보조역할과 설거지를 한다.

〈마실〉도 처음엔 주방장이 모든 음식을 다하는 방식이었다. 하지만 퓨전한정식으로 아이템을 바꾸면서 조리방식도 바꾸는 실험을 시도했다. 이러한 음식점 전반의 활동을 살펴보면 필요한 것과 불필요한 것을 명확히 나누어 필요한 것을 우선으로 취하는 것과 그 필요한 각각의 조리도구와 서비스 방식이 필요한 때 정확하게 쓰여질 수 있도록 개념화하고 매뉴얼화하는 작업이 제조업체의 정리정돈방식과 같다고 볼 수 있다.

3) 서비스 프로세스 설계 사례 2

두 번째 사례는 파주 운정신도시에 위치한 〈렛잇고기〉의 서비스 사례이다. 〈렛잇고기〉는 삼겹살전문점으로 매일매일 직접 제작한 메뉴북을 출력해 사용하는 곳으로 유명하다.

〈렛잇고기〉는 고객에게 최고의 가치를 제공하면서 직원도 행복하게 일하는 메뉴와 서비스 구성을 고려하여 점포의 모든 구성을 다음과 같이 정비했다.

첫째, 점포의 평면 구성은 고객 동선과 직원의 동선을 동시에 고려하여 구성했다. 과거와 가장 크게 달라진 점은 2개의 테이블을 줄였다는 점이다.

〈렛잇고기〉의 서비스 청사진은 지속적으로 업데이트 되고 있다. 중간 중간 발생하는 비효율과 서비스 실패를 최소화하기 위한 수정이 앞으로도 계속 이뤄지면서 고객과 직원이 모두 만족하는 구조를 만들겠다는 꿈을 실현해 가고 있다.

타 점포와 달리 〈렛잇고기〉의 서비스 청사진은 주문을 처리하는 포스시스템에도 반영돼 있다. 그리고 포스 화면을 앞에서 본 메뉴북과 비교하면서 살펴보면 기발한 아이디어가 반영되어 있음을 알 수 있다. 예를 들면 매달 메뉴분석을 통해서 파악한 인기메뉴 순으로 주문 순서를 배열한다거나 2인분 주문을 한 번에 입력할 수 있도록 화면을 구성했다.

〈렛잇고기〉의 포스시스템에서 후식 카테고리를 선택한 화면에서도 유의해서 봐야 할 부분이 있다.

2. 외식상품화를 위한 SWOT 분석

1) 전통주

민속의 식생활 풍속이 담겨져 있는 술이다. 술은 인류의 역사와 함께 발전되어 왔으며, 어느 민족이든 기후와 풍토에 맞는 독특한 양조방법에 의한 전통주를 갖고 있는데, 한국의 전통술은 곡주가 기본이다.

〈표 2-2〉 전통주 SWOT 분석

Strength	Weakness
• 'Well-being' 술 : 효모 함유, 필수 • 아미노산 10여종함유, 성인병 예방등 • 부담 없는 저도주 • 다양한 전통주 • ASEM 및 APEC 등의 국제회의 공식 주류 : 고급주로 인식전환 • 효과적인 쌀 소비방안	• 시장 경쟁력 떨어짐 • 이중유통체계 : 법적 제약 • 브랜드화 미흡 • 영세업체 위주 생산 : 품질규격화 필요 • 양조기술 및 현대화 미흡
Opportunity	Threat

• 인식이 좋아지고 있음 : Well-being
  Trend, 장기보관 가능해짐
• 막걸리 일본수출 증가 : 일본
  주류대비 다소 비싼 가격 거래
• 일본·미국 등 14개국에 수출
• 중국·동남아 등 신규시장 수출증가
• 정부의 적극적 지원
	• 주원료(찹쌀·매실 등)의 가격상승
	• 한·EU 자유무혁협정 : 유럽산 와인
	  가격 인하, 경기침체
	• 막걸리가 일본화 되고 있음
	• 전통주 세금 50% 경감
	• 국세청의 '주류품질인증제' 시행

2) 비빔밥

필수영양소를 모두 포함하고 있지만 칼로리는 낮은 음식이다. 비빔밥은 다이어트를 하는 사람이나 채식주의자들에게 가장 적합한 웰빙균형음식이다. 이 웰빙음식은 서양음식에서는 찾아볼 수 없는 맛과 풍부한 영양을 가지고 있다.

〈표 2-3〉 비빔밥 SWOT 분석

Strength	Weakness
・표준화하기에 쉬움 ・조리가 쉬움 ・저가의 경비 ・경쟁력 있는 가격 ・웰빙 음식 ・간단히 먹을 수 있음(숟가락만 필요) ・빨리 먹을 수 있음	・재료의 공급 ・미국인들의 식습관을 모름 ・특유한 냄새 ・음식이 식어도 상관없음 (배달 업무 측면)
Opportunity	Threat
・건강식에 대한 미국인들의 관심 ・비빔밥시장 형성 미비	・시장진입에 드는 높은 비용 ・비만인에 대한 정부의 지원

3) 김치

김치는 주원료인 절임배추에 여러가지 양념류(무·고춧가루·마늘·생강·파 등)와 젓갈을 혼합하여 제품의 보존성과 숙성도를 확보하기 위하여 저온에서 발효된 제품을 일컫는다. CODEX(국제식품규격위원회) 기준에는 김치 영문표기법(Kimchi), 김치의 정의·품질기준·식품첨가물 등을 규정하고 있는데, 김치는 배추를 소금에 절이고 물로 세척한 후 고춧가루·마늘·생강·파·무 등으로 혼합된 양념으로 버무려 적당한 용기에 담아 저온에서 젖산을 생성시킨 발효식품으로 정의하고 있다. CODEX(국제식품규격위원회)가 한국 배추김치를 주축으로 2001년에 CODEX 김치국제식품규격을 제정함으로써 한국이 김치종주국임을 공식 인정하였다. 이 같이 한국이 종주국임을 공식으로 인정받은 김치가 전세계인이 공감하는 음식이 되기 위해서는 약점과 위협에 대한 보완이 요구된다. 그 대표적 예로 우리나라 고유 김치라 해도 지역마다 맛의 차이가 다른 재료와 가공 과정의 한계와 표준화된 레시피가 시급하고 김치를 세계적 건강 음식으로 알리기 위한 홍보와 중국의 대량 저가 공략에 따른 속수무책의 방비 또한 문제로 지적된다.

〈표 2-4〉 김치 SWOT 분석

Strength	Weakness
• 외국에서의 홍보미흡으로 인지도가 낮음 • 몸에 좋은 영양소를 많이 가지고 있음 • 김치의 가공기술이 점차 발달 • 김치 특유의 냄새를 없애고 부패하지 않도록 하는 등 김치의 포장법이 점차 발달하고 있음 • 다른 음식들과 궁합이 잘 맞아 다양한 요리로 개발할 수 있는 가능성이 큼 • 세계적으로 웰빙에 대한 관심증가로 인해 주목받기 시작함 • 한국산 김치는 원화강세 및 제품개발노력 미흡으로 시장 확대에 애로	• 지역이나 재료에 따라 맛의 차이가 크기 때문에 표준화된 맛 어려움 • 향이 너무 강해 외국인들에게 거부감 • 김치의 종류에 따른 통일된 표기법 곤란 • One-dish Meal의 개념이 아닌 반찬개념 • 김치를 담는 용기·방법 등 김치에 대한 Presentation이 전반적으로 미약 • 외국에서 한국산 수입김치의 원자재·운송비가 높아 다른 제품보다 30% 정도 고가 형성
Opportunity	**Threat**
• Slow-food의 대중화 긍정적 인식 • 신토불이-한국적인 것이 세계적 • 넓어지는 세계시장 • 김치의 기능성과 영양적 가치에 대한 인식이 높아지고 있음 • 미국 등 외국의 특수식품 전문 사이트에서 한국식품과 김치 취급하는 비중 증가 • 김치의 세계 5대 건강식품 선정으로 한국산 김치의 시장진출여건 호기	• 중국업체의 저가김치 증가 • 중국산 김치의 위생상태를 포함한 품질향상 • 김치의 홍보 채널 부족 • 식문화차이 극복의 어려움 • 일본 기무치의 시장점유율 확대 • 김치재료에 대한 생산이력 시스템의 신속한 구축이 필요

4) 장류

한국음식의 기본조미료인 간장·된장·고추장의 총칭이다. 한국은 농업국가로서 곡물로 조미료를 만드는 일이 발달하였다. 이 곡물조미료가 곧 장이다. 장은 간장·된장·고추장이 주가 되고, 장을 만드는 주재료는 콩이다.

이 밖에 보리쌀·밀쌀·밀가루·멥쌀·찹쌀도 배합하여 쓴다. 짠맛을 내는 주재료는 소금이고, 좋은 물이 있어야 한다. 한국음식의 간은 소금·햇간장·중간장·진간장·된장·고추장 등을 음식재료와 조리법에 맞추어 쓴다.

가정에서 담그는 장은 주택이 서구화됨에 따라 차차 담그기 어려워지는 형편이므로 식품산업체의 공장에서 제조하여 판매하는 여러 종류의 장이 유통된다. 이 중 가장 한국을 대표하는 비빔밥에 들어가는 고추장은 국내뿐만 아니라 이제는 외국인들에게도 인기다.

특히 김치와 더불어 고추장, 된장은 모든 음식에 기본으로 사용되는 한국의 대표 장류로서 한류의 확산과 함께 K-Food에 대한 선호도 증가로 한식에 필수적으로 사용 되는 장류 또한 급격히 확산 되고 있는 추세이다.

〈표 2-5〉 장류 SWOT 분석

Strength	Weakness
• 품질향상과 기능·용도를 차별화한 다양한 제품 출시 • 기능성 식품 : 발효를 통한 기능성 확대, 단백질급원, 각종 성인병 예방효과	• 교포시장이 주 수요처 • 독특한 냄새 • 고염도에 대한 외국소비자들의 우려 • 비규격화된 공정과정 • 미생물관리·균주관리 등의 품질관리와 저장성의 문제
Opportunity	**Threat**
• 한국식문화 전파로 외국인 수요 증가추세 • 식생활의 간편화와 현대화, 소비자의 생활양식 변화 • 고추장의 코덱스(CODEX) 심의 통과	• 일본 낫토의 수요증가

5) 떡볶이

떡볶이는 쌀로 만든 가래떡과 고추장 및 각종 야채를 넣고 볶은 음식으로 다들 학창시절 한 번쯤은 먹어본 한국의 대표적인 길거리 음식이라고 할 수 있다. 이 같은 길거리 음식이 이제는 한국인의 광적인 선호로 프랜차이즈까지 확장 되어 국내 30여개의 떡볶이 프랜차이즈가 성업중이다.

〈표 2-6〉 떡볶이 SWOT 분석

Strength	Weakness

• 손쉽게 만들어 먹을 수 있는 간편함
• 거리의 제한을 받지 않음(길거리에서
  손쉽게 먹을 수 있음)
• 떡볶이의 칼로리량은 대개
  300~500kcal 사이이므로 살찌는
  걱정 없이 먹을 수 있음
• 다양한 떡볶이 퓨전요리 활용가능
• 다양한 기술확립
• 떡볶이연구소 탄생
	• 떡볶이의 저급화 인식
	• 전략적인 홍보부족
	• 세계적인 입맛에 맞지 않음
	• 홍보·마케팅인력 부족
	• 떡볶이에 대한 투자지원 부족
	• 떡볶이에 관한 대형 업체와 브랜드
	  부재

Opportunity	Threat
• 퓨전음식의 유행 • 각 나라에 맞는 떡볶이의 변화 • 떡볶이의 세계진출	• 떡볶이에 대한 세계인의 인식부족 • 떡볶이 진출에 대한 각 나라 전통음식들의 간섭 • 각 나라의 떡볶이 관련 자료부족

떡볶이는 손쉽게 누구나 간편하게 만들어 먹을 수 있는 음식이지만 아직도 저급 음식으로서의 인식과 대형 기업의 참여가 없어 세계화에 다가서지 못하고 있으며, 관련자료 또한 부족으로 이는 이 분야에 대한 연구 또한 부족하고 시장이 성숙 되지 못했음을 의미한다.

3. 글로벌 전략 성공사례 분석

1) 불고기 브라더스

(1) 기업 개요

'불고기 브라더스'는 국내 소비자들에게 익숙한 동시에 외국인들에게도 한국의 대표음식으로 내세울 수 있는 불고기를 좋은 품질의 고기를 넉넉하게 제공한다는 것을 기본 콘셉트로 한국식으로 구워 먹는 소고기 메뉴를 서양식 레스토랑 업태와 융합시키는 기존 패밀리 레스토랑의 표준화된 시스템을 한식에 최초로 도입한 한식 레스토랑이다.

패밀리 레스토랑을 20년간 운영하면서 쌓은 경험과 노하우를 바탕으로 한국식 불고기 레스토랑을 직영체제로 운영하고 있으며 '불고기 브라더스' 브랜드의 로열티를 받고 해외진출에도 나섰다.

불고기 브라더스는 2006년 4월 13일 (주)이티엔제우스를 설립하여 2006년 10월 23일 1호점인 강남점을 오픈한 이후 명동점, 사당점, 일산점, 2007년 4월 목동점, 5월 염창점, 7월 서교점까지 총 7개로 확장된 후 점포수는 계속 늘어나고 있다.

(2) SWOT 분석

① 강점(Strength) : 불고기 브라더스는 한식당으로서는 최초로 패밀리 레스토랑을 표방하여 한식의 정형화를 시도한 케이스이다. 패밀리 레스토랑도, 한식당도 아닌 '불고기 브라더스'만의 한식 레스토랑 이미지를 창조한 것이다. 자연히 기존 한식당에서는 볼 수 없었던 서비스나 기존 패밀리 레스토랑에서 볼 수 없었던 메뉴들과 맛을 찾아볼 수 있다는 점에서 새로운 시장을 개척하여 First Mover로서의 이점을 선점했다고 할 수 있다.

불고기 브라더스는 기존 한식당 또는 타 패밀리 레스토랑과 비교했을 때 가격경쟁력을 가지고 있다. 유통과정을 최소화하고 '호주산 청정우'라는 값싸고 질 좋은 재료를 안정적으로 공급해오는 공급지를 보유함으로써 기존 업체들과의 가격에서 상당한 우위를 점하고 있다.

② 약점(Weakness) : 불고기 브라더스는 한우가 아닌 호주산 청정우를 사용한다. 이는 강점인 동시에 약점이 될 수 있다. 값도 쌀뿐더러 한우만큼 좋은 품질의 호주산 청정우를 사용하지만, 일단 우리나라에서는 '소고기는 한우가 최고다'라는 명제가 아직까지 큰 영향력을 행사하고 있다. 비록 호주산 청정우가 한우만큼의 품질을 가지고 있더라도 소비자들이 일단 외국산 소라는 데에 어느 정도 거부

감과 불신이 있기 때문에 좀 더 원재료에 대한 신뢰성을 소비자에게 쌓는 것이 중요하다.

③ 기회(Opportunity) : 주 5일제 실시의 확대로 요식업 전체에 대한 주말 수요가 늘어나면서 패밀리 레스토랑, 한식 시장도 수요 증가의 붐이 일고 있다. 특히 불고기 브라더스는 주말 가족 단위의 외식이 증가하면서 주말 가족단위고객을 노린 'Kid's 마케팅' 이나 여러 주말 이벤트를 통해 주말 고객을 유혹하고 있다. 이처럼 요식업, 패밀리 레스토랑 시장의 확대는 불고기 브라더스에게 기회가 될 수 있다. 우리나라의 관광산업이 점점 발전하면서 외국인 관광객이 늘고 있다. 또한 한류의 바람이 불면서 한식에 대한 관심도 증가하고 있다. 이는 자연히 시장의 확대로 이어질 것이고, 특히 외국인에게도 어필할 수 있는 패밀리 레스토랑이라는 구조의 한식당이라면 좀 더 관광객에게 어필할 수 있는 충분한 매력요소가 될 것이다.

④ 위협(Threat) : 지난 몇 년간 전 세계와 우리를 불안에 떨게 했던 '미국산 소고기 광우병 파동'은 우리나라의 소고기 산업에도 아직까지 큰 영향력을 행사하고 있다. 비록 광우병 파동이 미국산 소고기에 제한되어 있었다 할지라도 그 후로부터 원산지표시를 의무화하면서 소비자들의 신뢰를 되찾기 위해 정부, 민간이 협력하여 노력해왔다 해도 광우병 파동이 소비자들의 소고기 시장 전체에 대한

이미지에 좋지 않은 영향을 끼쳤다는 것은 명백하다. 또 그 파동이 끝나지 않았고, 언제라도 다시 터질 수 있다는 점에서 소고기 산업을 기반으로 하는 불고기 브라더스에는 큰 위협이 될 수 있다.

한미 FTA로부터 체결된 값싼 미국산 소고기에 대한 전면적 개방은 비 미국산 소고기를 기반으로 하는 업체에 대해 좋지 않은 소식임에 분명하다. 비록 미국산 소고기가 아직까지 소비자의 신뢰를 얻지 못하고 있다 해도 기존 소고기에 반값도 안 되는 값싼 미국산 소고기의 등장은 불고기 브라더스의 가격 경쟁력에도 큰 위협일 것이다. '한식당의 패밀리 레스토랑화' 라는 독보적이고 참신한 방법으로 성공을 거둠으로써 이 시장에 대한 시장 매력도가 크게 상승하게 되었다. 따라서 기존 존재하고 있는 한식당이나 아니면 아예 새로운 브랜드를 가지고 이 시장을 호시탐탐 노리고 있는 기업들이 많을 것 또한 사실이다. 만약 새로운 경쟁자가 등장하게 된다면, 불고기 브라더스도 이 시장에서의 독보적 위치를 상실할 수 있는 위협이 있는 점에서 레시피의 표준화와 규격화에 대한 국제적 기준에 맞는 기준 정립이 시급하다.

〈표 2-7〉 불고기 브라더스의 SWOT 분석

Strength	Weakness
• 한식으로서 최초의 패밀리 레스토랑 표방(한식의 정형화 성공) → first mover로써의 경쟁력 • 매뉴얼화 된 시스템으로 체인화의 유용성 •다양한 계층에서의 경쟁력 한식의 이미지 : 중·장년층, 패밀리 레스토랑의 이미지 : 가족 단위, 청년층 • 다년간 패밀리 레스토랑에서 근무한 풍부한 경험의 CEO • 다른 업체에 비해 낮은 단가	• 다른 업체에 비해 낮은 인지도(오랫동안 자리를 잡아온 타 기업에 비해 짧은 역사로 확고한 이미지, 자본의 부족)
Opportunity	**Threat**
• 주 5일제 실시의 확대로 주말 가족단위 고객 • 광우병 파동에 따른 신뢰증가(호주산) • 외국인 관광객 증가와 한식에 대한 관심 증가	• '미국산 소고기 파동'으로 인한 소고기시장 전체에 대한 대중의 부정적 이미지 • 미국산 소고기 개방으로 인한 가격 경쟁력 약화의 우려 • 경쟁자 출현 가능성(불고기 브라더스의 성공 사례를 모방한 타 한식 업체의 진출 위협) • 국내 외식업 시장의 포화

(3) STP 분석

① 시장세분화(Segmentation) : 마케팅에 있어서 segmentation이란 가치관의 다양화, 소비의 다양화라는 현대의 마케팅 환경에 적응

하기 위하여 수요의 이질성을 존중하고 소비자·수요자의 필요와 욕구를 정확하게 충족시킴으로써 경쟁상의 우위를 획득·유지하려는 경쟁전략이다. 정확하고 감각적인 segmentation이 이루어져야만 그 후의 targeting에 있어서도 우위를 선점할 수 있다.

시장세분화의 기준으로는 ⓐ 인구 통계학적 변수(나이, 성별, 가족 구성원의 수, 가족생애주기, 소득, 직업, 교육 수준, 국적, 인종 등) ⓑ 지리적 변수(국내 각 지역, 도시와 지방, 해외의 각 시장지역) ⓒ 심리적 도식적 변수(라이프스타일, 성격) ⓓ 행동적 변수 등을 들 수 있는데, 문제는 시장세분화의 기준에 대해 혁신적 아이디어를 적용하여 잠재적으로 큰 세분시장을 탐구·발견하는 데 있다. 각종 세분화기준 중에서 풍요한 사회일수록 포착하기 힘든 심리적 욕구 변수가 중요하다.

불고기 브라더스의 경우 이 중 인구 통계학적 변수에 의해 시장세분화를 하고 있다. 인구 통계학적 변수에는 나이와 생애주기, 성별, 소득, 사회적 계층의 변수들이 있는데 불고기 브라더스의 경우 특히 나이를 기준으로 시장세분화를 하였다.

② 목표대상(Targeting) : Segmentation 이후 자연스럽게 연결되는 과정이 바로 targeting이다. targeting이란 적절한 통계 자료 분석

을 통해 얻어진 segmentation된 시장에서 자신만의 목표로 하는 고객층을 확실히 하는 것이다. 그 과정을 통해 특정 고객층에 집중된 제품과 서비스를 개발하는 마케팅을 펼칠 수 있다.

표적시장 선택의 단계에서 기업이 선택할 수 있는 마케팅 전략은 무차별적 마케팅, 차별적 마케팅, 집중적 마케팅 세 가지로 분류할 수 있다.

첫 번째, 무차별적 마케팅은 세분 시장 간 차이를 무시하고 하나의 제품으로 전체 시장을 공략하는 전략으로써 하나의 상품과 하나의 마케팅 프로그램을 개발한다.

두 번째, 차별적 마케팅은 여러 개의 표적시장을 선택하고 각각에 적합한 마케팅 전략을 개발한다.

세 번째, 집중적 마케팅은 기업의 자원이 제한될 경우 하나의 특정한 세분 시장을 선택하여 적합한 마케팅 믹스를 개발하여 공략하는 방법이다.

이러한 마케팅 전략 중 불고기 브라더스의 경우 차별적 마케팅을 선택하고 있다. 첫 번째, 타깃 세분 시장은 30대이다. 불고기 브라더스는 세련되고 모던한 분위기를 선호하는 30대의 취향에 착안하였다. 불고기 브라더스는 식당 안에 재즈 음악이 흐르고 와인 바처럼 수십 종의 와인이 빼곡히 진열되어 있어 세련된 분위기를 연출한다.

다양한 종류, 가격의 와인을 제공하고, 각종 제휴 카드 할인, 온라인 쿠폰 할인 혜택 및 세트 메뉴를 제공하고 있다. 한우뿐만 아니라 부대찌개, 해물 떡찜 메뉴를 제공하고 있다.

두 번째, 타깃 세분 시장은 40~50대이다. 안정적인 수입으로 지불 능력이 높고 객단가가 높다. 지나치게 세련되고, 모던한 분위기와 더불어 레스토랑식 부스형 좌석에 한국형 격자무늬를 접목하여 동양의 전통미 역시 강조했다. 또한 불고기 브라더스는 전국 각 지역에서 생산되는 한산 소곡주, 황진이, 세시주, 안동소주, 문배주 등 전통주 18가지를 들여놨다. 그리고 모든 매장바다 '전통주 소믈리에'를 두었다. 더불어 고품질의 일품 요리 메뉴를 제공하는 한편 40~50대 고객의 웰빙에 높은 관심에 대응하여 웰빙 세트를 제공하고 있다.

③ 포지셔닝(Positioning) : 불고기 브라더스의 포지셔닝을 살펴보면, 우선 기본적으로 소비자 포지셔닝 전략을 취하고 있고 고품질, 저가격의 소고기 음식점 상표로 포지셔닝을 시도했다. 즉, 재료원가 중 가장 큰 비중을 차지하는 소고기의 구매 유통 경로를 대폭 줄이고, 대량 구매 방식으로 가격을 확 낮췄다.

또한 식자재의 경우 많은 프랜차이즈 식당이 본사가 식자재를 일괄 구매하는 것과는 달리 불고기 브라더스의 경우 본사가 가격 협상을 한 뒤 13개 매장이 직접 식자재를 구매하는 시스템을 지니고 있다. 이 과정에서 배송, 저장 등의 물류 프로세스를 아웃소싱하여 비용을 대폭 줄였다. 과감한 아웃소싱으로 음식들의 품질을 유지한 채로 가격을 내렸다.

(4) 4P 분석

① Product : 불고기 브라더스 음식의 가장 큰 특징은 메뉴 뱅크를 이용한 맛의 표준화이다. 지금까지 한식당의 대형화, 체인화가 어려웠던 이유는 한식은 주방장의 손맛에 의존하는 등 조리법이 매뉴얼화되어 있지 않아 요리하는 주방장에 따라 맛의 편차가 매우 컸기 때문이었다. 하지만 불고기 브라더스는 된장찌개의 염도, 김치의 산도, 과일의 당도에서부터 양념의 분량, 냉면 면발을 씻는 물 온도와 횟수, 불의 세기, 온도, 조리 시간까지 계량화, 매뉴얼화하여 모든 조리법을 '메뉴뱅크'라는 레시피에 담아 계량화에 성공함으로써 단기간에 빠른 속도로 많은 지역의 체인화에 성공했다.

제품 구색의 경우 불고기 브라더스의 이름과 걸맞게 냉면 브라더스(물, 비빔냉면), 찌개 브라더스(육수 김치찌개, 해물 된장찌개, 생콩찌개 중 두 개 선택), 그 외에도 양념장 역시도 두 개씩 짝지어서 제공하고 있다. 상표의 경우 고기를 익히는 불모양이다.

이는 고객들에게 친숙하고, 고기가 익어가는 연상을 불러 일으켜 고기에 대한 욕구를 이끌어 낸다.

② Price : 불고기 브라더스는 기존 고기집보다 고급화된 이미지 이지만 가격 면에서도 경쟁력을 가지고 있다. 대표적인 메뉴인 눈꽃 등심 1인분 200g이 2만6,900원, 120~150g 1인분에 4만~5만 원 하는 다른 집과 비교한다면 거의 절반 수준이다. 객단가의 기준으로 살펴보면 점심 메뉴의 경우 1만원 안팎, 저녁 메뉴의 경우 평균적으로 2만5천원 안팎이다. 한우메뉴, 호주산 메뉴, 돼지메뉴로 이루어지는 다양한 가격대의 메뉴가 제공된다.

③ Place : 불고기 브라더스는 경쟁업체들과 달리 본사직영체제로 운영되어 본사가 직접 가격 협상을 하여 2~3일에 한 번씩 본사와 계약을 맺은 각 지역의 공급처에서 각 매장이 직접 식재료를 조달한다. 더불어 소고기 대량 구매 방식의 유통 경로, 본사가 식자재 가격 협상 후 13개 매장이 직접 공급업체로부터 식자재 구입, 고기 양념 및 후식의 경우 배송, 저장 등의 유통물류에서 과감한 아웃소싱을 하였다. 매장의 경우 유동인구가 많은 지역, 즉 주요 타깃층인 30~40대 비즈니스맨과 연인, 가족단위 고객 유동이 많은 곳으로 입점되어 있다.

④ Promotion : 불고기 브라더스는 Outback 공동 창업인 CEO의 인터뷰, 전 청와대 궁중 요리사의 profile 공개를 통해 차별적인 promotion을 하고 있다. 단골 고객의 리스트를 관리하여 그들에게 계절상품, 요리를 선물로 증정하고, 처음 온 손님들에게 매니저급, 직원들이 찾아가 인사를 나눈다. 회원 가입 시 할인권, 전채요리 무료시식권 제공, 일정횟수 방문 시 메인 요리 식사권 제공, 마일리지 카드 활용, 각 호텔의 방문을 통한 고객 유도를 하고 있다.

불고기 브라더스는 광고에 크게 치중하지는 않지만 각종 이벤트, 쿠폰, 추첨을 통해 고객이 직접 찾아오도록 유도하고 있다. 대표적으로 고객의견을 쓴 사람 중 추첨을 통해 VIP 식사권을 주는 이벤트, 직접 매장에 다녀온 사람들을 대상으로 자신의 블로그에 사진과 함께 후기를 올리면 추첨을 통해 식사권을 주는 이벤트 등으로 고객이 직접 홍보하게 하고, 찾아오게 만드는 프로모션 전략을 취하고 있다.

(5) 경쟁사 대비 및 경쟁적 요소

① 제품 차별화 : 기업은 성능, 디자인 등과 같이 제품의 물리적 특성을 가지고 차별화할 수 있다. 불고기 브라더스의 경우 엄선된 재료, 청와대 궁중 음식을 담당했던 20년 경력의 요리장을 스카우트하여 6개월 동안 메뉴 개발에 힘썼다. 또한 이렇게 개발된 요리의

조리법을 표준화시켰다. 예를 들어 된장찌개의 염도, 김치의 산도, 과일의 당도에서부터 양념의 분량, 냉면 면발을 씻는 물의 온도, 횟수까지 계량화하고, 불의 세기, 온도, 조리 시간 등을 매뉴얼 함으로써 소비자들이 언제 어디서나 불고기 브라더스 음식점을 찾을 때 느껴보고 싶던 기대하던 맛을 언제나 변함없이 늘 제공할 수 있다.

이는 철저히 메뉴별 레시피가 계량화, 표준화되어 있지 않아 소비자가 재방문 시 기대했던 가치를 완전히, 똑같이 충족시켜주지 못하여 재방문율을 떨어뜨리는 경쟁사에 대비하여 경쟁점 강점으로 파악된다. 또한 불고기 브라더스의 소고기 유통 경로 개혁, 식자재 구매 시스템 변화, 과감한 아웃 소싱 등으로 메뉴의 가격을 낮춰 경쟁 기업과 동일한 고품질의 음식을 제공하더라도 가격을 낮춰 차별화를 시도하고 있다.

불고기 브라더스는 재료를 투명화, 정량화하고 있다. 불고기 브라더스는 적정식자재 코스트를 30~45%로 명확히 규정하고 있다. 더불어 메뉴판에는 호주산 소고기 메뉴인 경우 원산지를 명확히 밝히고, 양념과 뼈를 제외한 고기량 200g, 양념 포함 350g을 각 표기하고 있다. 메뉴판의 200g이라고 표기하지만 정작 양념, 뼈를 제외하면 150g에도 못 미치는 고깃점들에 비해 불고기 브라더스는 재료에 대한 투명한 정보를 제공하여 고객에게 만족과 신뢰를 제공한다. 또한 밑반찬으로 제공되는 각종 채소의 경우 상추 4장, 깻잎 2장, 풋고추 2개, 마늘 10조각으로 정량화하여 보다 정확하고 효율적으로 재고를 관리, 구매 과정을 시스템화하고 있다.

메뉴의 경우도 또한 일품요리, 구이, 식사, 웰빙 세트, 저녁세트, 와인, 전통주로 고객의 나이 및 기호에 보다 맞는 메뉴를 카테고리화하여 고객의 만족을 얻고 있다. 다양한 와인과 다양한 전통주를 제공하여 경쟁업체와의 차별화를 시도하였고, 더불어 부시맨 브레드 빵 서비스로 선두업체에 올라선 아웃백 스테이크 하우스를 본떠서 고구마, 옥수수, 감자 등의 에피타이저를 제공하고, 고기집으로는 독특하게 홍시, 유자, 복분자, 딸기 등으로 만든 다양한 에이드 음료를 구비하여 제공하고 있다. 양념 불고기 메뉴의 경우 광양식, 언양식, 서울식의 조리법으로 다양한 메뉴를 제공하고 있다.

또한 불고기 브라더스의 이름에 걸맞게 냉면 브라더스(물, 비빔냉면), 찌개 브라더스(육수 김치찌개, 해물 된장찌개, 생콩찌개 중 두개 선택), 커피 브라더스, 그 외에도 양념장 역시도 두개씩 짝지어서 제공하고 있다.

음식뿐만 아니라 불고기 브라더스는 테이블당 약 800만 원을 투자하여 하향식 배기 시스템을 갖추어 온몸에 배일 냄새 걱정 때문에 고기 먹기를 망설이는 고객들에게 차별화된 경쟁우위를 제공하고 있다. 특수 통풍 시스템이 연기와 냄새를 빨아들여 매장 바닥 아래에 설치된 배관 시설을 통해 밖으로 내보낸다.

이 때문에 천장에서 내려오는 환풍구도 없어 앞사람과 얼굴을 마주보며 식사할 수 있는 편익을 제공한다.

② 인적 차별화 : 불고기 브라더스는 다른 고기집과는 달리 주로 20~30대의 젊은 직원을 선발하고 있으며 그리터, 테이블 담당 서버, 테이블을 치우는 서버, 바텐더 등의 업무를 나눠 배분, 업무의 전문화를 높이고 있다. 또한 직급별 서비스 핸드북이 있는데 이를 고객 서비스 기법과 프로세스를 매뉴얼화하여 전 직원에게 교육시킨다.

그리고 직원 제안 제도를 도입하여 고객 불만에 대한 적절한 해결책, 아이디어를 제시한 직원에 대해서는 인센티브를 주고 업무 성과를 높이는 아이디어를 제안하는 직원은 0.5~4.0%의 인센티브나 진급 기회를 얻도록 하고 있다.

③ 이미지 차별화 : 불고기 브라더스는 경쾌하고 세련된 재즈 음악을 제공하고, 매장 내 조명도 공간별로 색상과 밝기를 달리했다.

이러한 매장 분위기는 기존의 편안하지만 고기집에서 탈피, 레스토랑 같은 세련되고 고급스러운 분위기를 연출하여 경쟁업체에 비해 기업 이미지의 차별화를 기하고 있다. 더불어 불고기 브라더스 홈페이지 가입 시, 생일 각종 기념일에 혜택을 제공함으로써 체험의 기회를 제공, 기업의 이미지의 차별화를 구축하고 있다.

2) 비비고

(1) 브랜드

① bibigo : bibigo는 한국어 '비비다' 와 포장해 간다는 의미의 'To go'의 합성어로 외국인도 쉽게 발음할 수 있는 한식 글로벌 브랜드이다.

② Healthy & Fresh : bibigo는 Healty & Fresh라는 테마에 걸맞은 신선한 채소와 나물이 풍성한 샐러드 형태의 비빔밥에 4가지 밥과 6가지 토핑 그리고 4가지 소스를 기호에 따라 선택할 수 있으며 다양한 한식 일품요리 및 Tapas도 함께 즐길 수 있다.

(2) CJ푸드빌

① CJ푸드빌 : 1994년 패밀리 레스토랑 '스카이락' 사업을 시작한 이래, 1997년 독자적인 양식 패밀리레스토랑인 '빕스' 를 개발

하여 런칭하였으며, 이러한 성공을 바탕으로 2000년에 CJ주식회사로 부터 분리·독립되면서 전문외식기업 CJ푸드빌이 탄생하게 되었다.

'국내 최고의 외식서비스 기업'을 지향하는 CJ푸드빌은 Food와 Village의 합성어로 한 마을에 사는 이웃과 가족들 간의 단란한 식사공간을 통해 안락하고 행복한 부담 없이 편한 서비스를 제공하자는 의미에서 비롯되었다.

② Korean Food Globalization Project by CJ : bibigo는 CJ의 한식세계화 프로젝트의 일환으로 세계 각지의 고객들에게 건강하고 신선한 한국 음식을 제공한다. 특히 김치·불고기·비빔밥 등을 중심으로 한식이 세계에서 큰 주목을 받고 있다. 또, 뉴욕타임스는 매년 개최되는 LA의 김치 타코 요리를 인기리에 보도한 바 있는데, 이는 단순히 김치로서 뿐만 아니라 우리나라의 김치가 세계화된 식품으로 자리 잡고 있음을 알 수 있는 대목이다.

비비고는 밥에 토핑소스를 입맛에 골라 먹을 수 있는 소스종류를 다양화 시켜 기호에 맞게 선택의 폭을 넓히고 새로운 퓨전 한식과 함께 외국인 기호에 적합하게 신 메뉴를 매년 개발하여 고객에 제공하고 있다.

〈표 2-8〉 경쟁사 비교

회사	CJ	LG아워홈	본아이에프
	bibigo 비비고	babi dab ida 밥이답이다	본 비빔밥
슬로건	신선함, 건강함	건강하고 든든한 한끼 *.최초의 한식 패스트푸드	웰빙 밸런스 푸드
메뉴	• 세 가지 비빔밥을 메뉴로 정해 놓고 밥의 종류, 토핑, 소스를 입맛에 맞게 골라 먹음 • 추천메뉴와 함께 스페셜메뉴와 타파즈, 캐주얼다이닝 메뉴가 있음 • 우리 음료 막걸리와 쌀아이스크림 외에도 와인, 맥주가 갖춰져 있음. 특히, 새로 개발한 막걸리 칵테일이 특이함 • Take-out도 할 수 있도록 도시락 메뉴를 만들어 놓음 • 외국인들도 즐길 수 있는 비빔밥 메뉴를 개발	• 시간대별로 메뉴를 달리 하는 것이 특징 • 주전부리와 사이드 메뉴를 갖추고 있음 • 마실거리는 3가지 종류뿐임 • 비빔밥을 전문적으로 하는 것이 아니라 비빔밥류는 한 가지 뿐임 • 전 메뉴 Take-out 가능	• 비빔밥의 종류가 두 체인점에 비해 다양하다 • 추천메뉴가 따로 나와 있으며, 뚝배기&국수류, 두루치기&부가메뉴가 있다 • 전체적인 메뉴의 종류가 두 체인점에 비해 많다 • 도시락 메뉴를 따로 만들어 판매함 • 음료는 따로 나와 있지 않음
가격대 (식사류)	7,500~9,000원	7,000~12,000원	6,000~9,000원
매장	서울에 5개, 싱가포르, 미국, 중국 등 총 8개	압구정점 1개	전국에 본죽&본비빔밥 포함 많은 수의 매장확보
해외 진출	싱가포르, 미국, 중국	해외진출 예정	진출 예정

(3) 마케팅

① QSR의 실시 : 'QSR'이란 '퀵서비스레스토랑'으로 비비고는 주문에서부터 계산까지 모두 한 번에 이루어지는 퀵서비스레스토랑이라고 볼 수 있다. 주문의 경우 무엇을 시키는 것에서 끝나는 것이 아닌 직접 밥, 소스, 토핑을 개인의 기호에 맞게 고르면서 그 자리에서 바로 음식이 나온다.

② Take-Out용 대나무 용기 : 비비고는 고객의 건강과 자연친화적인 환경을 생각해 Take-Out 용기를 일회용 용기가 아닌, 대나무 용기로 만들어 마케팅하고 있다.

③ 개인의 기호에 맞춘 메뉴 : 다른 음식점과 다르게 비비고는 메뉴 선정 시 준비된 메뉴들 중에 개인의 입맛에 맞게 고를 수 있도록 차별화된 마케팅을 실시하고 있다. 해외에 진출한 비비고 매장들의 경우에도 그 나라 고객들 입맛에 맞춰 비빔밥에 들어가는 재료의 내용물들을 약간씩 바꾸어 고객들을 유치하고 있다.

④ 한류열풍 활용 : 다른 기업과 달리 먼저 한류열풍에 맞춰서 우리문화와 같이 식문화를 즐길 수 있도록 홍보하고 있다. 외국인들도

지원하는 오디션 프로그램을 통해서 자연스럽게 외국인들에게 도시락 협찬하고 있다(mama, 슈퍼스타K, 다양한 후원, 협찬 등).

⑤ 소셜 마케팅 : 에코, 웰빙의 주 콘셉트에 맞춘 소셜 마케팅을 하고 있다. 여기서 소셜 마케팅이란 소셜 미디어를 통한 마케팅이 아니고, 가슴 따뜻하고 긍정적인 이미지를 고취시키는 나눔 마케팅을 말하는데 그 대표적 사례를 살펴보면 다음과 같다.

-사례1 : 뉴욕 타임스퀘어 안방까지 점령 '전광판광고'

비빔밥의 다양한 재료를 농악, 태권도, 부채춤, 강강술래 등과 연결해 맛과 멋을 표현한 광고 사례로 뉴욕 타임스퀘어 옥외광고를 시작으로 케이블을 통해 미국 안방에도 상영하고 있다. 이를 통해 한식과 비빔밥에 대한 호기심을 자극하게 하고 미국에서 시작한 한 광고 동영상이 세간의 이슈가 되고 있다. 빨강, 노랑, 파랑 등 형형색색 화려한 색감이 인상적이었다. 이는 바로 '무한도전' 팀이 제작한 '비빔밥' 광고 때문이다.

광고는 '난타'의 한 장면에서부터 시작한다. 비빔밥에 들어가는 다양한 재료의 '색(色)'을 농악, 태권도, 부채춤, 강강술래, 탈춤, 북청 사자놀음과 연결해 비빔밥이 가진 맛과 멋을 표현한 것이다.

30초 분량의 짧은 내용이지만 다양한 재료가 섞여가는 과정은 화합이라는 메시지를 담고 있다.

이 광고는 MBC '무한도전' 팀이 농림수산식품부에 제안해 이뤄진 것으로 동원 인력이 200여 명이나 된다. 촬영도 아침 6시부터 다음날 아침 7시까지 25시간 걸렸다. 정말 곳곳에 스텝과 출연진들이 고생한 흔적이 보인다.

뉴욕 타임스퀘어 옥외광고를 시작으로 케이블을 통해 미국 안방에도 상영됐다. 인터넷에서도 빠르게 파급되어 유튜브 조회 건수가 75만 건을 넘었고 100개 이상 관련 동영상이 게재되어 있다. 이 광고는 한식과 비빔밥에 대한 호기심을 자극하기에 충분했다. 농림수산식품부는 "지금은 한식이 세계인이 즐기는 음식으로 자리 잡기 위한 초기 흥미유발 단계"로 비빔밥 광고를 통해 많은 미국인들이 한식의 신비로운 맛과 아름다움에 대해 호기심을 갖게 되는 계기가 되었다고 밝혔다.

-사례2 : 비빔밥 유랑단

비비고와 비빔밥 전도사가 비빔밥 및 한식을 널리 알리기 위해 의기투합했다. 비비고는 강상균, 김명식, 정겨운, 김수찬 등 비빔밥 홍보를 위해 전 세계 일주를 하는 대장정을 후원하며, 한식 세계화를 위해 뜻을 함께 했다.

비빔밥 전도사들은 지난 2012년에는 중국 베이징을 시작으로 8개 월간 아시아, 유럽, 북미, 남미 등 40개국의 주요 도시를 돌며 100 회의 비빔밥 시식행사를 가졌다. 비비고는 이들 비빔밥 전도사의 여 정 중 비비고가 위치해 있거나 비비고 입점이 예정된 지역을 중심으 로 비빔밥 홍보활동을 적극 지원하였다.

비비고는 비빔밥 홍보 활동이 원활하게 이뤄질 수 있도록 비빔밥 에 이용되는 소스와 밥 등을 제공하고 각종 편의를 제공하는 역할로 이를 통해 전도사 일행이 벌일 외국인 시식 행사 등에 도움이 되도 록 홍보하는데 아낌없는 지원을 한 것이다. 비비고 밥은 햇반 형태 로 제공되는데, 소스 역시 고추장, 쌈장, 레몬간장, 참깨 등 4종의 파우치로 돼 있어, 해외에서 비빔밥 제공 시 용이하게 사용되고 있 다.

비비고의 운영사인 CJ푸드빌은 외국인 대상의 전 세계 한식홍보를 위해 고행을 선택한 이들의 용기가 대단하다며 한식세계화를 위해 탄생한 글로벌 브랜드 비비고의 후원이 이들 활동에 큰 보탬이 되고 있다.

또한 비빔밥 유랑단은 중국에 이어 태국서도 폭발적 호응을 얻었 는데 전세계에 한식 대표주자 '비빔밥'을 널리 알리기 위해 조직된

‘비빔밥 유랑단’이 중국 행사를 마치고 태국으로 이동해 방콕 시민들에게 큰 호응을 얻은 바 있다. 태국 태권도 대표팀 최용석 감독과 광저우 아시안게임 금메달 리스트 추차왈, 사리타 등 남녀 대표팀 선수들에게 비빔밥을 시식하는 행사를 가진 바 있고 태국내 인기 영화배우 능티다 소폰이 행사에 참여해 많은 태국 언론에 소개되기도 했다.

특히 태국행사부터는 비빔밥을 통한 ‘한식홍보’ 뿐만이 아니라 한 끼의 식사가 절실한 세계인들에게 ‘식사나눔’을 전파하는 역할을 병행하기 시작해 더욱 눈길을 끌었다. 이 나눔행사에 참석한 ‘비빔밥 유랑단’ 단장은 세계를 돌며 비빔밥 홍보도 중요하지만 세계의 빈민가를 방문하여 나눔을 실천하는 것도 중요하다고 판단해 방콕 맹짜이 빈민가를 방문하여 행사를 진행하기도 하였다. 유랑단 리더는 “4명이 200인분을 준비하는 게 정말이지 쉽지가 않다면서 비빔밥을 맛있게 먹는 맹짜이 아이들을 보면서 피로는 사라지고 나눔을 통해 오히려 더 많은 걸 배우게 됐다”고 강조한다. 또 ‘비빔밥 유랑단’이 중국, 태국에서의 행사가 성공적으로 치러질 수 있었던 건 한인회 및 재외동포들, 영사관의 도움이 있었기에 가능했다. 유랑단원은 한인회 및 재외동포들이 좋은 일 한다며 차량 및 숙식까지 제공해 줘 큰 도움이 됐다. 이후 방글라데시, 스페인 등지에서는 영사관에서 후원까지 해줄 정도로 호응이 컸다. 이 '비빔밥 유랑단'의 전 세계홍보 프로젝트는 한식재단, CJ푸드빌의 '비비고(bibigo)'가 후원했으며 인도 캘커타를 비롯하여 전세계 일주를 홍보와 나눔 행사로 진행해 큰 호응을 얻은바 있다.

-사례3 : 광화문 알뜰족을 잡기위한 CJ 통합 마케팅

키워드는 '고객을 위한 풍성한 혜택 릴레이'로 고물가 시대에 얇은 지갑으로도 식사와 쇼핑을 함께 알뜰하게 즐길 수 있게 한 것이다. 고객이 투썸플레이스, 비비고, 더플레이스 광화문점 한 곳에서 식사를 하고 음료를 즐긴 후 받은 영수증을 가지고 헬시&뷰티 스토어 올리브영 광화문점 또는 세종로점을 방문하면 1만원 이상 구매시 1,000원 할인해준다. 반대로 올리브영, 비비고, 더플레이스 영수증과 함께 투썸플레이스를 방문하면 디저트 구매 시 커피나 음료를 50% 할인받을 수 있다.

글로벌 비빔밥 브랜드 비비고도 올리브영, 투썸플레이스, 더플레이스 영수증을 가지고 방문하면 2인 이상 식사 시 타파스(식사 전 가볍게 즐길 수 있는 한 접시 요리)를 50% 할인해주며, 더플레이스 역시 올리브영, 투썸플레이스, 비비고 영수증을 가지고 가면 메인 메뉴(파스타, 피자, 샌드위치, 와플) 주문 시 탄산음료 1개를 무료로 제공한다. 비비고, MAMA 공식협찬 후원으로 CJ푸드빌의 '비비고' 가 엠넷 아시안 뮤직어워드(MAMA) 공식협찬사로 선정돼 아시아 최고 엔터테이너들에게 한식을 맛보는 기회를 제공하기도 했다.

국내 최고 아티스트들은 물론 윌 아이엠 등 해외 뮤지션이 대거 참석한 대회에서 비비고는 비빔밥을 비롯해 잡채, 두부스테이크, 오미자 화채 등 음식을 제공해 한식의 맛과 멋을 세계에 알리는데 일조했다.

(3) 7P 분석

① Product, '세계인의 입맛을 사로잡을 우리 전통 비빔밥을 한국의 전통음식인 비빔밥을 국제적으로 홍보하기 위해, 맛과 메뉴를 선택과 집중에 의해 선별(예 : 비빔밥, 돌솥비빔밥), 추가 세트메뉴 및 부가메뉴 설정으로 다양한 입맛 충족을 위한 노력을 지속했다.

② Price, '실속적인 한 끼 식사'를 위해 일반 메뉴 가격 7,500~9,000원 대 가격형성으로 한 끼 식사에 적정 비용으로서 물가 상승 대비 변동이 크지 않다. 그러나 일반 비빔밥 전문 음식점과의 차별성을 두지 않으면, 소비자들의 소비 욕구가 낮아질 것이다.

③ Promotion, '다양한 촉진전략'으로 외국인 소비자들의 구전 홍보 효과 + 한류 효과를 활용한 한국 전통 음식 홍보 등 다양한 채널 확보를 통해 지속적인 홍보가 필요한데 초기 단계에서 어떤 이미지를 심어주느냐가 관건이며, 맛과 이미지의 조화에 초점을 맞추었다. 실제로 무한도전 비빔밥 광고, 비밥공연, 비빔밥 유랑단 등을 통하여 다양한 홍보 활동을 통해 그 효과가 입증된 바 있다.

④ Place, '세계적인 체인점'을 목표로 서울 4개 매장 + 해외 3개 매장(중국, 미국, 싱가포르) 확보로 세계화를 위한 기초 발판을 마련하였다.

⑤ People, '세계인의 입맛을 사로잡다'는 모든 연령층을 아우르고 특히 한식 비빔밥의 균형된 영양식과 식물성 위주로 그 대상 또한 어린이에서부터 노인에 이르기까지 폭넓은 것 또한 장점이다.

⑥ Process, 일반적으로 메뉴얼화되어 나오는 음식점과 달리 들어가는 식재료부터 소스까지 소비자가 모두 선택하는 과정에서 다양한 부류의 소비자층을 섭렵할 수 있음이 특징이다.

⑦ Physical Evidence, '한국의 오방색'을 상징적으로 보여주는 비빔밥에 얹어지는 토핑들의 색깔을 상징하는 컬러타일, 심플함과 모던함을 바탕으로 자연 친화적인 종이와 나무 사용으로 현재와 과거가 공존하는 느낌 묘사와 세계화한 한국적 맛과 공간을 창조하였다.

(4) STP 분석

① 시장세분화(Segmentation) : 연령, 성별, 인종 국가 등 모두가 선호하는 비빔밥으로 따로 세분화된 연령이나 성별, 인종과 국가가 없이 전체적으로 선호하고 있으며 라이프스타일에 있어서도 웰빙 선호층이 증가하면서 신선한 채소와 함께 어우러진 식사 선호와 바쁜 현대인의 기호에 맞춘 비빔밥의 패스트푸드화를 시도하였다.

② 목표대상(Targeting) : 웰빙선호층, 건강을 생각하면서 인스턴트 중심에서 웰빙을 선호하는 사람들을 타깃층으로 삼아 타겟을 폭넓게 반영하였다.

③ 포지셔닝(Positioning) : 고객의 욕구에 부응한 메뉴의 품질을 유지하는데 중점을 두고 표준화와 일반화와 다양화에 비중을 두고 접근했다.

(5) SWOT 분석

① 강점(Strength): 먼저 강점에 있어 계절에 따른 재료선택의 경우 도매업자와의 직거래를 통한 신선하고 저렴한 재료 공급과 비빔밥은 부담되지 않는 맛과 가격으로 아침이나 점심으로 간단히 해결할 수 있고 각종 채소와 나물 등으로 건강에도 좋다는 건강식이 장점으로 부각되고 있다. 특히 다양한 재료가 사용될 수 있는 메뉴의 선택과 다양한 양념의 선택을 통해 세계적인 체인점(중국, 미국, 싱가포르, 앞으로는 2020년까지 북미, 중국, 일본, 동남아, 유럽 등 전 세계에 오픈)을 개설하는데 역점을 두고 있다.

② 약점(Weakness): 공통약점으로 패스트푸드로서의 비빔밥의 재료를 다듬고 조리하는 데에 온갖 정성을 쏟지 않는다면 비빔밥의 깊은 맛이 제대로 나지 않는다. 그래서 패스트푸드로서의 비빔밥은 그 맛을 지니기 어렵다는 한계를 갖고 있다.

또한 해외시장에서의 약점으로 차려놓았을 때에는 보기에 좋지만 비비고 나면 호감도가 떨어질 수도 있다. 한식의 패스트푸드화를 추구하지만 햄버거와 비교했을 때 간편성이 너무 떨어진다. 특히 소스, 밥, 반찬, 국 등의 각기 포장이 어렵다는 점도 약점으로 들 수 있다.

③ 기회(Opportunity): 최근 비빔밥 시장이 크게 내국인이든 외국인이든 인기 있는 외식 식단으로 자리 잡고 있음이 기회로 작용하고 있으며 웰빙을 추구하는 사회적 분위기가 건강을 중시하는 경향이 강해짐에 따라 한식에 대한 국내외 관심이 증가하고 있는점과 한류 열풍으로 인한 외국인 관광객등 유동인구가 많음에 따라 이 또한 기회로 작용하고 있다.

④ 위협(Threat): 남는 재료의 처리는 한식의 특성상 원자재비용이 많이 들어가는데 들어가는 원자재를 다 사용하여 판매하는 것이 사실상 불가능하기 때문에 그에 반한 남는 재료가 위협으로 되고 있다. 그리고 채소 값 등 재료의 값 폭등도 위협으로 작용하고 있으며 낯선 음식에 대한 거부감으로 한식을 좋아하는 사람과 모르는 것에 대한 거부감을 지닌 사람들로 아직까지 극명하게 나눠져 있기 때문이다. 특히 매운 음식을 싫어하는 외국인들에게 비빔밥의 거부감에 대한 건강 식당으로서 홍보의 중요성을 다시 한 번 되뇌게 한다.

(6) 해외진출 사례

① 미국 : 미국 로스엔젤리스의 웨스트우드 빌리지. 캘리포니아 주립대(UCLA) 인근의 비빔밥 전문 레스토랑 '비비고(bibigo)'는 70

개 좌석이 모자랄 정도로 성황이다. 하루 매출이 4,000달러가 넘는다. 특히 2010년 9월 오픈한 이후, 비빔밥에 입맛을 붙인 현지인 고객들이 꾸준히 늘어 지금은 하루 방문객의 80% 이상이 현지인이다.

미국 UCLA 1호점은 팍스 극장(Fox Theater) 앞에 있는 아름다운 가로수 길, 그 길 끝에 자리하고 있다. 캘리포니아, 특히 남캘리포니아 미국인들이 지닌 외국 문물을 쉽게 잘 받아들이고 즐기는 성향에 맞게 어느 곳에 가도 타이나 중국, 일식 등 아시아 퓨전 음식점들을 쉽게 만날 수 있는 곳에 입점하고 있다. 최근에 미국 내 대형 프랜차이즈 레스토랑에서 한국 음식을 메뉴에 넣었다는 신문기사는 미국 기업들이 맛도 좋고 건강에 좋은 한식을 넣음으로서 매출을 늘릴 수 있기 때문인 것 같다.

현재 미국에 있는 비비고는 화려하지도 않고, 크기도 작지만 점심시간에 발을 들여 놓기가 어려울 정도로 사람들이 많이 찾아오고 있다. 메뉴보드는 처음 오는 미국인들도 쉽게 주문할 수 있도록 두 섹션으로 나누어 배치, 단품 메뉴 섹션과 비빔밥을 개인 취향에 맞게 주문할 수 있는 섹션으로 나뉘어져 있다. 흔히 미국인들이 이야기하는 한식 레스토랑의 문제점 중 하나가 식당에서 나오는 대로 먹어야 한다는 점이다. 까다로운 미국인들의 특이한 기질을 잘 파악한 메뉴보드인데, 샐러드 개념의 비빔밥, 차가운 비빔밥, 뜨거운 돌솥 비빔밥에 흰밥을 비롯한 4가지의 밥, 불고기, 두부, 닭고기, 마지막으로 4가지의 다양한 소스를 선택할 수 있으며, 총 144가지의 종류로 변할 수 있다. 따라서 어떤 까다로운 미국인의 입맛도 맞춰낼 수 있는 시스템이다.

채소들과 재료들은 현지에서 구할 수 있는 최상의 원자재를 이용하고 있고, 그들의 입맛에 익숙한 채소들을 사용하면서 우리 옷은 절대로 버리지 않는 현지화 전략을 하고 있다. 소스 역시 단순히 고추장 소스만 있다면, 매운 것을 싫어하는 미국인들에게 기피 음식이 되어 버리기에 미국인들과 세계인이 좋아 할 무난한 소스를 다양하게 준비한다.

또한 학생들과 바쁜 직장인을 위해 투고(테이크아웃)에도 많은 신경을 쓰고 있으며, LA 1호점을 시작으로 뉴욕의 2호점 오픈, 그리고 2013년부터 본격적인 프랜차이즈 작업을 진행해오고 있다.

특히 글로벌 최대 외식시장 중 하나인 미국 로스엔젤리스(이하 LA)의 웨스트우드 빌리지(Westwood Village; 이하 웨스트우드)에서의 출점은 전 세계에 비빔밥 돌풍을 일으키고 있다. 비비고 LA 매장이 입점한 이 지역은 오피스가 밀집해 있어 유명 글로벌 외식기업의 매장들이 입점해 있는 LA 지역 내의 핵심 상권 중 하나이다.

웨스트우드는 이곳에 '비비고' 미국 첫 매장을 오픈하였다. 맞춤형 비빔밥은 물론 테이크아웃에 빠르고 세련되기까지 참신함으로 승부한다. 고객층도 20~30대로 낮아지고 외국인들까지 두루 섭렵했다. 한식의 의미있는 업그레이드인 것이다.

한식레스토랑 '비비고' 미국 1호점의 주목할만한 것은 식사시간이면 70여 개의 좌석이 손님들로 북새통을 이룰 만큼 대단한 흥행력을 자랑하고 있는 것이다. 해외 언론도 관심을 집중하고 있다. 비비고는 미국 인터넷매체 허핑턴포스트가 꼽은 LA 지역 최고의 건강식 패스트푸드, CBS의 LA지역 방송국인 KCAL9 뉴스가 선정한 '주목할만한 레스토랑'으로 보도되기도 했다.

미(美) 국영방송 PBS는 '김치 연대기' 다큐멘터리를 통해 한국을 대표하는 비빔밥 브랜드로도 소개한 바 있다. 그동안 비비고를 방문한 고객의 절반가량이 외국인이다. 고유의 비빔밥 전통은 살리면서 고객이 밥, 소스, 토핑을 원하는 대로 선택할 수 있는 맞춤형이 특징이다. 여기에 계산까지 한 번에 이뤄지는 퀵 서비스 레스토랑(Quick Service Restaurant)을 지향한다. 샐러드에 익숙한 서구인을 겨냥해 건강식 비빔밥 '비비고 라이스'와 간편하게 한 입에 먹을 수 있는 타파스(Tapas) 메뉴를 개발, 호응을 얻었다. 비비고를 한식의 '맥도날드'로 만들어 전 세계에서 사랑받는 대중적인 한식 레스토랑으로 만들겠다는 것이 CJ그룹의 포부다.

② 중국 : 중국인들의 입맛에 맞춰 돼지 불고기 토핑 추가, 막걸리 칵테일도 선보여 1분에 OK 웰빙 패스트푸드로 비빔밥의 인기가 폭발적인 중국에서, CJ푸드빌이 야심차게 추진하는 한식세계화가 2010년 8월에 중국 베이징에 비비고 매장을 열어 본격화하였다.

신개념의 한식 레스토랑 '비비고(bibigo)' 중국 베이징점은 서울 광화문에 글로벌 허브(Hub) 매장을 오픈한 이후 실제 해외에서는 첫 선을 보인 매장으로 본격적인 한식 세계화의 신호탄이 되었다.

중국인들의 입맛을 고려해 기존 숯불고기, 두부, 닭가슴살 3가지로 운영되던 토핑류에 돼지불고기를 추가했으며 중국인들이 막걸리를 부담 없이 접해볼 수 있도록 하기 위해 딸기나 망고 등 과일과 함께 즐길 수 있는 막걸리 칵테일도 새롭게 선보였다. 가격은 32위안에서 38위안(5~6,000원 선)으로 책정되어 운영하고 있다.

CJ푸드빌은 "2020년까지 북미, 중국, 일본, 동남아, 유럽 등 전 세계에 매장을 열고 한식을 통한 한국문화 전파에 앞장서 국가브랜드 강화에도 기여하고 있다.

③ 싱가포르 : 글로벌 한식 브랜드 비비고, 베이징, LA이어 싱가포르 오픈하여 동남아시아에 첫 진출한 더운 아열대 기후, 싱가포르

인 특유의 입맛에 맞게 중국 매장에서의 경험을 고려해 현지화한 메뉴를 선보였다.

비비고는 싱가포르점을 시작으로 2020년까지 전 세계 1,000개 매장 오픈을 준비하고 있으며 가장 많은 400개의 매장 오픈을 동남아시아에서 계획하고 있다.

또한 싱가포르에 중국인이 많이 거주하는 만큼 해외 1호점인 중국 매장에서의 노하우를 적극 반영해 메뉴를 현지화 하였다. 특히 볶은 채소를 좋아할 것이라는 예상과 달리 생 채소에 열광했던 중국 매장의 반응과 싱가포르 특유의 더운 기후를 반영해 상큼한 샐러드 형식의 비비고 라이스를 단품 메뉴화해 출시하였다.

CJ푸드빌은 비비고의 싱가포르 진출을 계기로 최근 싱가포르에서 고조되고 있는 한류 열풍에 편승해 한식의 매력을 더욱 널리 알릴 수 있도록 최선을 다하고 있다.

III

불황기 글로벌 외식산업
혁신 성장 전략

1. 외식산업 공통 트렌드 키워드

소비자들의 웰빙에 대한 관심이 높아지면서 건강한 먹거리에 대한 니즈는 지속될 것으로 예상된다. 또한 더욱 높아진 고객들의 수준과 다양해진 취향을 만족시킬 수 있도록 외식 브랜드의 콘셉트를 시각화한 이색 인테리어가 브랜드의 경쟁력으로 부상하게 될 가능성도 높게 점쳐지고 있다. 더욱 까다로워진 소비자들의 입맛을 만족시키기 위해 업계 전반에 걸쳐 고객 맞춤형(Customized) 메뉴와 서비스도 강화될 것으로 기대된다. 더불어 싱글족을 위한 1인식 메뉴, 간편식(HMR) 제품들도 인기를 끌 것이다.

이에 업종별 전망 키워드를 살펴보면 다음과 같다.

1) 건강한 삶과 간편식 시장 확대

세계적으로 건강한 삶에 주목하고 있는 지금, 한식은 건강을 상징하는 대표 음식으로 부상하였다. 그러한 가운데 한식 업계의 리딩 브랜드인 놀부NBG의 창업전략연구소에서는 최근 창업 키워드로 4S(safety, show, self, single)를 꼽았다.

세이프티(Satety)는 대박보다 쪽박을 면하는 것이 더 중요하다는 의미로 안전창업을 강조하였으며, 쇼(Show)는 그 곳에서만 볼수 있는 온리원(Only one)으로 볼거리를 제공하라는 의미이다. 셀프(Self)는 고객이 직접 입맛에 맞게 맛을 조절할 수 있는 메뉴나 서비스가 부상할 전망이며, 싱글(Single)족을 위한 1인 레스토랑 및 1인 간편식 개발이 확대될 것으로 예측하였다.

소비 트렌드 측면에서 100세 시대에 접어들면서 건강한 삶에 대한 관심이 어느 때 보다 높아져 유기농 채소나 무화학조미료, 오픈 키친 등이 소비자들의 마음을 움직일 것으로 보인다. 또한 1인 가구와 맞벌이 부부의 증가로 반조리 식품과 같은 간편식(HMR) 시장과 즉석 배달음식 시장이 더욱 크게 성장할 것으로 기대된다.

2) 감성을 추구하는 융복합화

초창기 패밀리레스토랑들이 새로운 식문화를 선보였다면 최근에는 콜라보레이션, 감성가치, 시장 다각화 등이 업계의 주요 키워드로 부상했다. 기존 패밀리레스토랑 방문 고객들은 물론이고 보다 세분화된 초니치 마켓을 공략하면서 고객들에게 감성적으로 소구할 전망이다. 즉 아웃백에서 선보인 '9시, 가볍게 즐기는 오지 나이트' 등은 초니치 마켓을 공략해 영업시간 연장 및 타깃을 넓히는데 기여했다.

여기에 다른 업종간의 콜라보레이션도 더욱 활발해질 것으로 전망된다. 단순히 외식만 하고 끝나는 것이 아니라 외식을 넘어서 색다른 경험을 하고자 하는 고객들의 니즈가 증가하기 때문이다.

외식과 문화 접목은 이미 활발히 진행되고 있지만 패밀리레스토랑 업계에도 좀 더 색다른 콜라보레이션 바람이 불 것으로 기대된다.

3) 복고와 엔도르핀 디쉬

현대인들은 '심리적 허기'를 해소하고 자신의 일상을 표현하는 수단으로 음식점의 메뉴, 인테리어, 소품까지 하나하나 사진으로 담아 SNS에 업로드하며 일상의 즐거움을 찾기도 한다. 단순히 맛뿐만 아니라 고객의 감성을 자극하고, 시각적 차별화를 둘 수 있는 인테리어도 큰 경쟁력으로 부상할 전망이다.

복고풍 인테리어 및 콘셉트도 그러한 맥락이다. 또 젊은 층의 취업기피 현상이 지속되면서 꼬치구이, 사케 등 소자본으로 할 수 있는 창업이 활성화될 가능성이 높으며, 직접 자신의 메뉴를 디자인해 주문하기를 원하는 고객들이 늘면서 맞춤형 음식도 증가할 것으로 예상된다. 1~2인 가구 구성비가 전체의 절반을 넘어서면서 1인 메뉴 및 간편식 개발과 식품안전에 대한 관심도 더욱 높아질 전망이다.

4) 웰빙과 프리미엄의 합리적 소비

국내 경기의 불확실성이 높아지면서 합리적인 가격대의 하이퀄리티 메뉴에 대한 니즈가 높아질 전망이다. 변화하는 소비자들의 라이프스타일에 주목해 더욱 '편리하고 빠른' 서비스를 제공하는 동시에 웰빙과 프리미엄을 추구하는 고객들의 요구에 부응해 바른 먹거리를 지향하는 식재료의 고급화를 통한 제품 출시 전략도 구사할 것으로 예상된다. 또한 빅 스포츠 행사들이 대거 몰려 있어 스포츠 특수를 잡기 위한 창의적이고 다양한 마케팅이 두드러질 전망이다.

이밖에도 1인 가구를 위한 소형 맞춤 메뉴 및 패키지 메뉴와 일상의 즐거움을 느낄 수 있는 엔도르핀 디쉬, 콜라보레이션, 소형화가 주요 키워드에 올랐다.

5) 착한 소비와 건강한 식생활

이탈리안 레스토랑 업계의 키워드는 착한 소비, 오가닉, 건강한 식생활, 와인 등을 꼽을 수 있다.

힐링 열풍과 함께 내 몸에 좋은 오가닉 식품에 대한 소비자들의 관심이 높아지는 것은 물론 합성 첨가물 보다는 원재료의 맛을 살린

무겁지 않은 메뉴를 선호하게 되면서 이탈리안 음식은 대중적으로 확산되고 있다.

이에 따라 우리 땅에서 난 제철 식재료로 낭비하지 않고 필요한 만큼만 요리함으로써 건강한 식생활 문화를 리드하는 레스토랑이 주목받을 것으로 예상된다. 이와 더불어 건강을 키워드로 한 와인 소비가 증가하며 이탈리안 와인 비스트로의 성장세도 눈여겨 볼만 하다.

6) 합리적인 가격과 콜라보레이션

바쁜 일상을 살아가는 현대인들은 하루 세끼를 모두 찾아 먹는 경향이 줄어들고 있다. 간단히 때우거나 거르고, 아침만 먹거나 저녁만 먹는 사람들이 많아졌다. 또한 저녁식사를 정찬으로 먹는 문화가 간단한 한 끼로 바뀌고 있어 김밥, 주먹밥, 샌드위치 등 간편식을 즐기는 사람들이 매해 늘어나고 있다.

반면에 한 끼를 먹더라도 건강을 생각해 프리미엄 메뉴를 선호하는 경향도 짙게 나타나고 있다. 이 때문에 간편하지만 웰빙 식재료를 이용한 프리미엄 분식전문점들이 늘어나고 있다.

이처럼 다양한 니즈의 고객들을 흡수하기 위해 분식 업계는 최근의 트렌드인 소형화, 합리적 가격, 간편식, 테이크아웃, 싱글족, 프리미엄, 콜라보레이션 등을 충족시키며 시장을 확대해 나가고 있다.

7) 안전하고 합리적인 가격

소비자들의 경제사정을 고려한 합리적인 가격과 싱글족들을 위한 간편식으로써의 패스트푸드는 매력적이다. 그러나 건강과 식품안전에 대한 소비자들의 니즈도 갈수록 거세짐에 따라 안전·안심은 패스트푸드 업계가 항상 지고 가야 할 몫이 됐다.

건강한 음식에 대한 수요가 높아지는 것이 현실이지만 상대적으로 반발도 존재한다. 건강을 생각한 담백한 요리들이 늘어나는 반면 오히려 더 많은 기름진 요리들이 입맛을 자극하는 것이다.

치즈를 듬뿍 넣은 크림소스 파스타, 튀김 사이드 요리, 패티를 겹겹이 쌓은 버거 등이 인기를 끌고 있다. 이는 지나치게 건강식에 몰입하지 말라는 의미를 내포하기도 한다.

8) 매스티지족의 진정성

디저트 업계의 이슈는 건강한 식재료이다. 이에 따라 유기농과 프리미엄 디저트를 선보이는 곳들이 증가 추세다.

그동안 인기를 모았던 팥도 건강을 중요시하는 소비자들의 니즈에 따라 새롭게 조명된 식재료 가운데 하나다.

또 디저트 업계는 타 업종보다 그 곳에서만 맛볼 수 있는 메뉴와 볼거리, 콘셉트가 있어야 한다. 즉 건강한 식재료로 진정성을 담아 맛을 잡는 것이 디저트 업계의 키워드다.

여기에 명품을 소비 할 수는 없지만 그를 대신해 비교적 값이 저렴하면서도 감성적 만족을 얻을 수 있는 고급품을 소비하는 매스티지족을 잡는 것이 관건이다.

특히 가치소비를 지향하는 최근의 소비자들의 입맛에 맞추기 위한 복고적이며, 감성을 아우르는 소형화와 동시 차별화된 서비스는 물론 맛은 물론 건강식을 최우선으로 생각하는 웰빙식과 함께 소중한 가치까지 심어주어야 하는 디테일 까지 섬세한 서비스가 요구되고 있는 것이다.

〈표 3-1〉 외식업계 업종별 트렌드 핵심 (키워드)

업종	키워드	상세 키워드
한식	건강한 삶과 간편식 시장확대	4S(safety, show, self, single), 건강, 간편식, 유기농, No MSG, 오픈키친, HMR
패밀리 레스토랑	감성을 추구하는 융복합화	콜라보레이션, 감성, 시장 다각화, 초니치 마켓
치킨	카페형 매장과 스포츠 마케팅	가치소비, 힐링, 프리미엄, 싱글족, 치맥 스포츠 마케팅, 간편식, 안전, 차별화, SNS
주점	복고와 엔도르핀 디쉬	복고, 감성, 소형화, 차별화, SNS 콜라보레이션, 인테리어, 합리적 가격
커피	고급 원두와 부티크 매장	웰빙, 건강한 재료, 소형화, 전문화, 차별화, 콜라보레이션, 고급화, 부티크, 복고, 인테리어, 사회공헌, 해외진출
피자	웰빙과 프리미엄의 합리적 소비	웰빙, 고급화, 합리적 가격, 안전·안심, 스포츠마케팅, 복고·향수, 엔도르핀 디쉬, 콜라보레이션, 소형화, 건강한 재료, 싱글족
이탈리안 레스토랑	착한 소비와 건강한 식생활	착한 소비, 오가닉, 건강, 와인
분식	합리적인 가격과 콜라보레이션	콜라보레이션, 소형화, 프리미엄, 합리적 가격, 소량화, 간편식, 싱글족
패스트푸드	안전하고 합리적인 가격	합리적 가격, 간편식, 싱글족, 안심·안전
디저트	매스티지족의 진정성	콜라보레이션, 건강한 재료, 진정성, 유기농, 프리미엄, 인테리어, 독창성

2. 외식산업 절대 불변의 키워드 맛 · 웰빙

1) 식품지출비용 절반 차지하는 외식, 일상생활로

외식 소비의 중요성이 확대되고 있다. 한국농촌경제연구원은 2017년 식품소비행태조사 결과 비용 기준 소비자의 식품지출 중 외식 소비가 1990년 20%에서 2017년 49%를 점유하며 높은 비중을 차지하고 있다고 발표했다.

한국농촌경제연구원은 2015년 외식 소비는 2010년과 비슷한 추이를 보이고 있다고 밝혔다. 2016년은 70%로 약간 감소했다. 한 달에 2~3회 정도라고 답한 응답자를 포함하면 2006년 82.2%에서 2016년 92.5%로 껑충 뛰었다. 10년 사이 외식은 차츰 사람들의 일상이 된 것이다.

2) 음식점 선택 시 '맛' 10년간 1위

음식점에서 맛은 기본을 넘어 필수 요소가 됐다. 설문 조사 결과 음식점 선택의 기준에서 맛은 요지부동이다.

10년 전만 해도 맛은 음식점 선택의 기준에서 압도적인 지지를 받았다. 지금도 여전한 1위지만 그 비중은 점차 줄고 있다.

농림축산식품부와 한국농수산식품유통공사(aT)에서 2016년 실시한 국내 외식 트렌드 조사에서 소비자의 음식점 방문 선택 시 교통 편리성이 41.6%로 2위를 차지하며 음식의 맛 89.9%의 뒤를 이었다(복수응답). 가까운 위치와 편리한 교통, 주차장 유무를 중시한다는 응답자가 늘어났다는 것은 찾아가는 소비자가 많아지고 있다는 것을 짐작할 수 있다.

3) 먹거리에 대한 불신 고조, 불안 해소 극복

음식점 선택의 기준도 점차 다양해지고 있다. 특히 건강식 여부, 식자재 원산지에 주목할 필요가 있다. 지난 10년 동안 식재료, 음식의 안전성을 중요시하는 소비자의 특성이 증가했다.

한국농촌경제연구원이 진행한 '2016년 식품소비행태조사 결과발표대회'에서 음식점 음식이 안전하다고 생각할수록 외식 확률은 약 1.3배 높아진다는 결론이 도출됐다. 특히 지난 10년 중에서도 최근 5년간 안심 먹거리와 합리적 소비에 대한 트렌드가 정착돼 가고 있는데, 그 바탕에는 웰빙(Well-being)이 자리하고 있다.

4) 웰빙은 메가 트렌드 넘어 기본적인 소비자 니즈

소비자 트렌드 중 빠질 수 없는 부분이 바로 웰빙이다. 2010년에는 간식거리 하나에도 건강을 따지는 스마트한 식습관이 반영됐다.

한국농촌경제연구원은 정보를 접할 수 있는 수단이 다양해지고 손쉬워지면서 소비자 인지 수준이 오른 것으로 웰빙에 대한 사람들의 관심이 늘어난 것도 이와 연관이 있는 것이다. 그는 "소비자가 점차 똑똑해지기 시작했으며 이는 고발 방송의 영향도 어느 정도 작용한 것으로 본다"고 덧붙였다.

〈표 3-2〉 소비자 유형별 기호와 변화

소비자 진화 양상 단계 ▼	새로운 소비자 집단 ▼
마담슈머(Madame + Consumer) 구매 결정권을 가진 주부들의 시각에서 제품 평가	**바이슈머(Buy + Consumer)** 해외에서 판매되는 물품을 직접 구입하는 소비자 (직구족)
⇩ **트라이슈머(Try + Consumer)** 기존 정보에 의존하지 않고 제품을 직접 써본 뒤 평가	**모디슈머(Modify + Consumer)** 제조업체에서 제시하는 방식이 아닌 자신만의 방법으로 재창조 해내는 소비자
⇩ **크리슈머(Creative + Consumer)** 신제품 개발이나 디자인, 서비스 등의 문제에 적극 개입해 의견을 제시	**스토리슈머(Story + Consumer)** 기업에 제품과 관련된 자신의 이야기를 적극적으로 알리는 소비자

⇩ **프로슈머(Producer + Consumer)** 제품의 생산단계에 직접 관여하거나 소비자가 생산까지 담당	**쇼루밍족(Showrooming)** 오프라인 매장에서 제품을 보고 온라인을 통해 저렴하게 구매하는 소비자(실속 중시) VS **역쇼루밍족(Reverse Showrooming)** 온라인에서 검색을 통해 제품을 결정한 뒤 오프라인에서 구매하는 소비자
⇩ **가이드슈머(Guide + Consumer)** 기업의 생산현장을 검증하고 잘못된 점은 지적, 잘한 점은 홍보	

자료 : Keyword로 살펴본 2017 소비자 트렌드 보고서, DMC REPORT

5) 합리적인 소비 트렌드 증가, 가치 소비 확산 시작

삼성경제연구소의 최근 10년간 히트상품과 소비트렌드 자료에 따르면 스마트폰이 히트상품으로 선정된 때가 2009년, 2010년이었고 그 무렵부터 스마트한 식습관이 확대되기 시작했다. 삼성경제연구소는 2004년 경기회복이 지연되고 소비침체가 지속되면서 고효용 소비 추세를 보이기 시작했고 2005년 신중한 소비행태가 지속됐다. 당시 냉철한 현실을 인식하는 히트 상품이 소개됐고 2008년 소비자 고발 프로그램, 2009년 스마트폰, 2010년 소셜미디어 출현 등 합리적이고 의미 있는 지출과 스마트한 식습관이 확대된 것이 원인이다.

2009년에는 소비심리가 위축되는 현상이 나타났다. 소비자단체의 '2016년 소비자 외식성향에 관한 설문조사' 에 따르면 외식비 지출

변화에 대한 질문에서 불경기로 외식비를 줄였다고 대답한 비율이 59.3%로 과반수를 넘었다. 외식 전문가는 세계경제 위기를 기점으로 본격적인 장기 저성장 시대에 돌입한 것으로 예측했다.

그러면서 가치소비도 확산되기 시작한 것이다. 가치소비는 자신이 가치를 부여하거나 만족도가 높은 것은 과감히 소비하고, 지향하는 가치의 수준은 낮추지 않는 대신 가격·만족도 등을 꼼꼼히 따져 합리적으로 소비하는 성향을 지칭한다. 실용적이고 자기만족적인 성격이 강하다. 이와 함께 '가성비(가격대비성능비)'라는 단어도 유행했다. 이는 웰빙·절약과 함께 중산층 소비자의 소비심리로 자리 잡았음을 의미한다.

6) 1인 가구 증가에 따른 HMR 시장 급부상

식품 업계에 따르면 HMR 시장은 2000년대 초 형성됐으며 시장 규모는 2009년 7170억 원, 2013년 8729억 원, 2015년 1조 3000억 원으로 특히 최근 급부상하고 있다.

한국농촌경제연구소에서 실시한 '2016년 식품소비행태조사 결과의 외식 소비행태분석 자료에 따르면 1인 가구의 경우 가정 조리를 하지 않는 비율은 96%, HMR을 이용하는 비율은 49%로 나타났다.

또 배달·테이크아웃 이용여부는 맞벌이 비율이 가장 높고 HMR 이용이 높은 그룹이 배달·테이크아웃을 가장 많이 이용하는 것으로 조사됐다. 또한 여성의 경제활동 참여가 늘어날수록 외식 빈도도 지속적으로 증가할 것으로 예상된다.

7) 절제된 소비의 탈출구 '작은 사치' 증가

돈이 없다고 소비하고자 하는 욕구마저 없어지는 것은 아니다. 작은 사치는 조금 다른 모습이지만 10년 전에도, 지금도 여전히 소비자 마음속에 자리 잡고 있는 트렌드다. 경제적 제약으로 작은 사치에 기반한 소비가 앞으로도 계속 증가할 것이다.

〈표 3-3〉 트렌드 변화

최신 트렌드 (Hot Trend)	지속되고 있는 트렌드 (Perennial Favorites)	이미 지난 트렌드 (Yesterday's News)
1.SNS 사진공유 66.7% 2.한식의 재해석 61.1% 3.싱글족(1인가구) 58.6% 4.로케팅소비 57.6% 5.로컬푸드 56.1%	1.가치소비 66.7% 2.HMR 66.7% 3.전문화 55.6% 4.웰빙 52.2% 5.다양성 50.0%	1.복고풍 44.4% 2.웰빙 33.0% 3.소비양극화 30.6% 4.다양성 27.8% 5.체험형 소비 26.2%

자료 : aT 한국농수산식품유통공사, "2016 국내 외식트렌드 조사", (2016).

3. 청출어람의 기발한 벤치마킹, 디테일 경영

1) 벤치마킹과 아류의 차이

하늘 아래 새로운 것은 없다고 했다. 청출어람의 기회는 기발한 벤치마킹에서 나온다.

벤치마킹은 선두기업의 좋은 시스템이나 강점을 빠른 시간 안에 흡수할 수 있고 이미 검증된 사례를 도입하기 때문에 안전성도 보장된다. 주의할 점은 경영주만의 가치나 전략, 배경지식 없이 '잘 되는 것'에 대한 무조건적인 동경으로 베끼기 식의 모방은 지양해야 한다는 것이다.

외식업은 한 부분만 특출하다고 해서 잘되는 것이 아니라 모든 요소가 유기적으로 어우러져 시너지를 발휘하는 것이다.

2) 벤치마킹을 위한 어벤저스 군단 만들어라

실제로 많은 경영주들이 벤치마킹의 중요성을 알고 있다. 그러나 어떤 음식점에서 어떤 부분을 체크해 매장에 접목해야 할지 그 방법을 잘 모른다. 당장 벤치마킹 리스트를 정리하는 일부터 막연해한다.

벤치마킹 시 비슷한 고민을 갖고 있는 외식업 경영주들을 모아 그들만의 어벤저스 군단을 만드는 것도 효과적인 방법이다. 벤치마킹을 위해 특정 매장을 방문했을 때 다양한 음식을 함께 맛보고 서비스나 시그니처 요소를 함께 경험하면서 의견을 나누다보면 의외로 좋은 아이디어를 얻을 수 있다.

3) 오픈 마인드 필수, 반면교사도 훌륭한 벤치마킹

두툼한 고기를 센 불에 굽는 동안 육즙이 그대로 저장돼 고소한 맛은 배가됐으며 두툼하게 썬 삼겹살은 비주얼만으로도 강력한 셀링 포인트가 됐다. 이처럼 전혀 다른 업종의 매장에서 자신이 필요한 요소를 발견해 경쟁력으로 만들려는 노력이 필요하다.

4. 불황 대비 메뉴 키워드 Best 5

제 아무리 불황의 골이 깊다지만 그래도 고객의 선택을 받는 메뉴는 존재하기 마련이다. 주머니가 얇다 보니 씀씀이도 팍팍해질 수밖에 없는 요즘, 닫혀 있는 지갑만큼이나 꽁꽁 언 고객들의 마음을 녹여 줄 불황 인기 메뉴를 꼽아보면 크게 5가지로 요약할 수 있다.

첫째, 불황 키워드인 옛 맛 향수의 그리움 둘째, 허 한 속을 달래주는 푸짐함 셋째, 고단한 삶을 화끈하게 날려줄 화끈함 넷째, 집밥이 그리운 따뜻한 한끼 메뉴의 친근함 다섯째, 실속과 프리미엄까지 제공하는 양극화가 바로 그것이다.

1) 그리움 : 그때 그 시절이 그리운 사람들 복고 메뉴

경기 불황이 복고와 일맥상통한다는 말을 증명하듯 복고 열풍은 글로벌 금융위기 이후 최근 몇 해 동안 외식업계의 대표적 키워드다. 사람이 불황기에 복고를 찾는 첫 번째 이유는 심리적인 위안을 받을 수 있기 때문이다. 과거 따뜻하고 즐거웠던 기억의 단편을 되새기면서 위로받고 싶은 욕망은 개인의 힘으로 어찌할 수 없는 힘든 상황에 놓여있을 때 더욱 강해지는 것이 인지상정이다.

최근 함박스테이크, 비프가스 등을 선보이는 경양식 레스토랑이 많이 생긴 것도 복고 열풍을 반영하는 것으로 풀이된다.

카페베네는 커피전문점 최초로 겨울 신메뉴로 단팥죽을 선보였다. 팥에동동 단팥죽 3종은 한국인들이 즐겨먹는 겨울간식인 팥죽을 카페형 디저트로 새롭게 재탄생시킨 메뉴로, 100% 국내산 팥을 사용한 것이 특징이다. 카페베네 "커피전문점으로는 이례적으로 우리의 전통 간식인 단팥죽을 신메뉴로 출시하는 만큼 단팥죽의 좋은 의미를 다양한 사람들과 함께 공유할 계획으로 카페베네는 글로벌 시장으로 나아가는 동시에, 한국의 식문화를 세계에 전파하기 위해 노력하는 브랜드인 만큼, 전통메뉴를 카페형 디저트로 재해석하는 메뉴 개발에도 앞장서고 있다.

2) 푸짐함 : 허한 속을 달래주는 원플레이트 메뉴

〈서가앤쿡〉을 필두로 2~3인분을 한 접시에 담아내는 원플레이트 레스토랑이 유행하고 있다. 맛은 물론 푸짐한 양으로 허한 고객들의 마음을 채워주고 있는 것이다. 특히 서가앤쿡의 대표메뉴인 목살스테이크는 이탈리안레스토랑은 물론 주점업계에서도 벤치마킹할 만큼 최근 가장 핫한 메뉴 중 하나다.

이와 비슷한 맥락에서 최근 각광받고 있는 메뉴가 바로 국밥이다. 중장년층에게는 이미 익숙한 쇠고기국밥이나 순대국밥 등이 저렴한 가격과 푸짐한 양으로 젊은 층에게도 사랑받기 시작하면서 서울 삼청동과 가로수길 등을 중심으로 국밥전문점이 많이 생겨나고 있다.

3) 화끈함 : 삶의 고단함을 날려줄 화끈한 음식

장기불황의 스트레스를 날려 줄 화끈한 매운 음식들은 IMF 이후 꾸준히 인기를 끌고 있는 대표적인 불황형 메뉴다. 매운 맛을 내는 고추의 캡사이신 성분이 인체에 자극을 주어 엔도르핀 분비를 촉진시켜 스트레스를 경감시키는 효과가 있다고 알려져 있다. 가장 먼저 매운 음식을 선도한 것은 '불닭'이었다. 불닭의 성공과 매운맛에 대한 사람들의 폭발적인 인기는 매운 닭발, 매운 갈비로 이어졌고, 최근에는 매운 족발이 뒤를 잇고 있다.

4) 친근함 : 집밥이 그리운 따뜻한 한끼 메뉴

특별한 날 밖에서 먹는 특별한 음식이 아닌 바쁜 일상 속에 여유가 없을 때 집밥과 같은 푸근한 맛을 원하는 소비자의 니즈가 늘면서 최근 인기를 끌고 있는 곳들이 소박한 가정식을 선보이는 식당들이다. 서울 삼청동에 있는 〈복정식당〉, 〈그네가 있는 집〉 등이 바로 그런 곳으로 과거의 백반집과 달리 깔끔하고 멋스러운 인테리어는 운영자의 취향이 고스란히 묻어난다.

한편 외국여행 혹은 유학을 경험하고 그곳에 대한 향수를 지닌 사람들이나 외국문화를 미리 경험하고자 하는 이들이 늘면서 외국의 가정식을 선보이는 레스토랑들도 최근 증가하고 있다. 프랑스시골마을의 향토요리, 현지인들에게 배운 오래된 레시피, 그 나라의 동네식당 음식을 맛 볼 수 있는 가정식은 친근함을 무기로 고객들의 발길을 모으고 있다.

5) 양극화 : 실속과 프리미엄 메뉴

불황이 이어지면서 외식시장의 양극화가 두드러지기 시작했다. 이 때부터 경기불황으로 인한 저가형 외식 트렌드와 철저하게 고급화를 추구하는 프리미엄으로 양극화 현상이 뚜렷해졌다. 저가형 메뉴의 선두주자라 할 수 있는 김밥이 최근 프리미엄 김밥으로 진화, 고객들에게 뜨거운 호응을 받고 있다.

가로수길에 등장한 스쿨푸드는 기존 분식시장의 틀을 깨는 것은 물론 저렴하게 한 끼 때우는 음식으로만 생각했던 김밥의 무한한 성장가능성을 직접 보여 준 사례다. 미니사이즈의 마리 메뉴들은 당시 파격적인 가격과 함께 스팸, 날치알, 오징어 먹물 등 기존 김밥에서는 볼 수 없었던 이색 식재료를 활용해 김밥의 변신을 이끌었다. 이후 장아찌김밥, 마약김밥, 주먹밥 등이 틈새시장을 노리며 김밥전문점 시장에 등장하기도 했다.

최근 프리미엄 김밥을 선보이며 인기를 끌기 시작한 김선생은 죠스떡볶이를 운영하는 (주)죠스푸드에서 제2브랜드로 선보인 곳이다. 믿고 먹을 수 있는 제대로 된 김밥에 대한 수요가 그만큼 크다는 반증이다.

5. 뉴애브노멀시대 외식산업 경영전략

돌발적인 변수가 많아 예측 자체가 불가능한 시대로 경기침체로 인한 장기불황이 지속되는 가운데 2018년부터 2020년까지 한국 경제성장률은 2.3~3%로 전망하고 있다.

1) 가성비 시대 도래, 가성비 우수한 메뉴 각광

경기침체로 외식업계가 고전을 면치 못하고 있는 가운데 가격 대비 성능을 의미하는 '가성비'가 주목해야 할 키워드로 떠오르고 있다.

최근 몇 년간 장기불황이 지속되면서 비싼 브랜드도, 무조건 저렴한 것도 아닌 '가성비(가격 대비 성능)'를 중요시하는 소비자가 늘어나고 있는 추세다.

〈트렌드 코리아 2016〉의 저자인 김난도 교수가 2016년 주목해야 할 키워드로 가성비를 언급하며 국내 외식 트렌드도 가격 대비 품질이 높은 메뉴를 내세우는 가성비의 경쟁이 될 것으로 예측했듯이 기존까지는 '브랜드'가 구매를 결정하는 데 중요한 역할을 했다면 이제는 '가격 대비 성능'이 구매 여부의 기준이 돼 가성비 높은 제품들이 각광받는 시대가 도래했다는 것이다.

얼핏 현재의 가성비와 비슷해 보이지만 가장 큰 문제는 음식의 품질이었다. 끝없는 품질하락으로 고객들이 등을 돌리자 '가격 파괴' 콘셉트는 오래가지 못했다.

2) 융복합 재창조, 발상의 전환 기회를 만들어라

차별화된 콘셉트를 매장에 적용해 매출이 수직 상승한 사례도 있다. 그 매장업주들이 '대박'을 터뜨릴 수 있었던 것은 맛도, 서비스도 아니다. 다만 다르게 생각하는 것이었다. 아이폰을 만든 스티브 잡스는 "나는 창조자도 발명가도 아니다. 다만 세상에 흔히 널려 있는 것을 모아서 내 나름대로 만들어냈을 뿐이다"라고 이야기 했다.

이것은 아마 이 시대에 외식업주에게 던지는 화두가 아닐까 싶다. 외식업에도 '생각의 전환'에 따른 융복합화, 그에 따른 재창조가 필요하다.

한국외식정보는 "매번 새로운 것을 찾아보고, 꾸준히 벤치마킹하는 자세가 필요하다"며 "한식전문점을 운영한다고 해서 한식전문점만 찾는 것은 발전을 저해하는 요소"라고 말한다.

실제로 장사가 잘 되는 외식업소의 경영주들은 끊임없이 벤치마킹하고 이를 자신의 외식업소에 접목하고 있다. B급 상권에서 월평균 7000만원 매출의 중국집을 운영하는 한 외식업주는 유명하다고 소문난 외식업소는 업종에 상관없이 주기적으로 방문해 벤치마킹할 요소를 배워 매장에 적용하고 시도할 것을 강조했다.

6. 브랜드 콘셉트와 광고 커뮤니케이션 전략

외식 브랜드 콘셉트의 구체화 단계에서는 브랜드 콘셉트를 중심으로 외식 브랜드의 구성 요소를 일관성 있게 기획해야한다. 외식 브랜드의 구성 요소는 브랜드 아이덴티티, 메뉴, 서비스, 분위기, 입지, 가격 등이다.

브랜드 아이덴티티	브랜드 네임, 브랜드 로고, 브랜드 컬러, 브랜드 캐릭터, 브랜드 슬로건
메뉴	메뉴 구성, 원재료 선택, 조리 방식, 메뉴명, 프리젠테이션, 식기 선택, 메뉴 제공 방식
서비스	서비스 정도, 서비스 방식, 서비스 특성
분위기	SI(Store Identity), 음악(music), 조명(lighting), 유니폼(uniform), 사인(signage)
입지	지역, 입점 형태(free standing/building-in)
가격	가격, 좌석회전율, 식재료비, 인력 및 인건비, 임대료 수준, 할인정책

1) 브랜드 아이덴티티 개발

콘셉트 키워드를 중심으로 외식 브랜드가 고객에게 줄 수 있는 구체적인 혜택(benefit)을 기능적 속성(functional attributes), 이성적 혜택(rational benefit), 감성적 혜택(emotional benefit)으로 구체화하고, 그 결과를 함축하여 브랜드 성격(brand personality)을 도출했다면, 이러한 브랜드 성격을 가진 브랜드 아이덴티티(BI:Brand Identity)를 명문화해야 한다. 브랜드 아이덴티티라고 하면 흔히 로고를 떠올리는데 브랜드 아이덴티티는 시각적인 로고만을 의미하지 않는다. 브랜드 아이덴티티는 한 브랜드가 잠재고객에게 인식되기를 바라는 모습이며, 경쟁자로부터의 브랜드 차별화를 나타내는 것이다. 다음 〈표

3-6)은 브랜드 아이덴티티 도출의 예이다.

브랜드 성격이 독특함(unique), 공유성(sharing), 편안함(cozy)으로 결정되었다면 마케팅 커뮤니케이션, 홍보, 광고, 브랜드 로고, 슬로건 등에 사용되는 제작물 디자인, 인테리어 디자인, 메뉴 개발 등의 모든 작업은 브랜드의 성격인 독특함, 공유성, 편안함을 기준으로 이루어져야 한다. 브랜드 아이덴티티와 브랜드 콘셉트를 통해 고객에게 전달하고자 하는 혜택들이 명확하게 규명되었다면, 이제는 이러한 콘셉트를 시각적으로 보여줄 수 있는 콘셉트 표현 요소로 개발해야 한다. 콘셉트 표현 요소는 비주얼적인 것으로 컬러, 형태, 레이아웃, 서체 등이며 이는 표현매체인 로고, 심벌, 패키지, 광고, 웹사이트, 디지털 디바이스 등에 적용된다.

〈표 3-5〉 브랜드 아이덴티티의 도출

기능적 속성	맛의 동질성, 볼의 차별성, 메뉴의 다양성, 양의 풍부함, 시간 절약, 이벤트의 독창성, 접근 편의성, 인테리어의 간결성, 가격대비 맛과 양, 가격의 합리성		
이성적 혜택	통일성, 신속성, 다양성, 합리성, 편리성, 독창성, 전문성		
감성적 혜택	신선함, 생동감, 젊음	친근함, 즐거움, 정겨움	편안함, 재미있음
성격	▼ 독특함	▼ 공유성	▼ 편안함
브랜드 아이덴티티	⇩ 스파게티로 특화된 캐주얼 레스토랑		

브랜드 네이밍(brnad naming)은 콘셉트 표현 요소 개발의 핵심이 되는 작업으로 브랜드 아이덴티티를 함축적으로 표현하는 브랜드 네이밍을 찾기 위해서는 수많은 노력이 필요하다. 브랜드 네이밍은 수백 가지의 후보 거론과 여러 차례의 회의를 통해 선정되며 공간 아이덴티티 및 메뉴 아이덴티티를 결정하는 과정에서 변경되기도 한다.

슬로건(slogan)은 브랜드 네이밍과 같이 표기되어 브랜드의 특징을 함축적으로 표현하는 부제와 같은 역할을 한다. 스파게띠아의 1차적 슬로건은 주 로고에 영문 슬로건을 상단에 더한 형태로 주 로고의 영문 폰트와 색상과의 조화를 고려하고, 동시에 스파게띠아의 성격인 독특함, 공유성, 편안함을 나타내기 위해 불규칙한 폰트가 적용되었다. 동시에 스파게티 그 자체의 대표성과 전문성을 강조하기 위해 'indeed'를 강조하고 주목성과 가독성을 위해 'I'에 디자인적 창의성을 가미했다. 오른쪽에 있는 2차적 슬로건은 영문 로고 또는 국문 로고를 단독으로 사용할 경우에 사용하며 좌측에 배열한다. 콘셉트 키워드에서 사용되는 단어나 문구는 〈표 3-6〉에서 나타나는 것처럼 일반적으로 사용되는 단어지만 타 브랜드와 어떻게 차별화되는지, 어떻게 차별화된 포지셔닝이 가능한지 설명해주는 것이 중요하다. 예를 들면, '정겨움'의 사전적 의미는 '정이 넘칠 정도

로 매우 다정하다'라는 의미지만, 레스토랑의 '정겨움'의 의미는
오픈 주방이나 인테리어를 통해, 그리고 함께 음식을 나눠먹는다는
것이다. 다음의 〈표 3-7〉은 스타벅스의 콘셉트 도출 사례이다.

〈표 3-6〉 브랜드 콘셉트 키워드의 개발

키워드	내용
다양성	메뉴와 이벤트의 다양성
통일성	각 매장 간 메뉴의 맛, 인테리어의 동질성
합리성	가격대비 맛과 양, 서비스의 만족감
신속성	시간 절약
전문성	네이밍에서의 전문성, 메뉴의 전문성
편리성	접근과 이용, 서비스의 편리성
신선함	음식의 신선함, 신선한 식자재, 이벤트와 제공 방식(홀서비스)의 새로움
생동감	동적이고 활발한 분위기, 생동감 있는 인테리어
젊음	매장 분위기, 주된 색상, 방문하는 고객과 직원의 젊음
친근함	고급스럽지 않고 대중적이며 부담스럽지 않은 친근함
즐거움	밝고 화사한 인테리어와 가격대비 맛과 양이 좋은 것에서 오는 즐거움
정겨움	오픈된 주방이나 인테리어, 함께 나눠먹는 정겨움
편안함	인테리어의 편안함, 위치의 편안함, 서비스나 가격 등의 심리적 편안함
재미	이벤트의 재미, 메뉴를 고르는 재미, 홀서비스의 재미
독특함	홀서비스의 독특함, 패밀리레스토랑과는 다른 분위기와 서비스
공유성	음식을 나눔으로서 얻게 되는 정서의 공유

〈표 3-7〉 콘셉트 도출 사례

고객 이미지	개성을 추구하는 여대생 (20대 여성)	해외여행 경험이 있는 젊은 세대	신세대 직장인	자유 직업가와 보보스족	아침 일찍 출근하는 직장인
고객 이익	자신만의 공간, 자유롭게 대화	해외에서 경험한 커피 맛	친구와 여유로운 대화, 독특하고 맛있는 장소	다양한 커피 선택, 노트북 PC이용	간단한 빵과 커피
입지 이미지	이대 앞, 대학로, 프레스센터, 명동역, 강남역, 삼성역, 코엑스, 역삼역, 광화문				
고객 서비스	창가 쪽 1인 좌석, 자유공간, 바리스타, 테이크아웃 서비스, 고객 맞춤 커피, 무선 랜 서비스, 포인트제도, 페이스트리				
고객 시나리오	창가에서 음악을 들으며 혼자 책을 본다, 커피향이 나는 포근한 소파에서 친구와 부담 없이 대화한다. 여자 친구와 극장에 가기 전에 만나서 영화 이야기를 하며 즐긴다, 직장 동료와 점심 식사 후 커피를 테이크아웃하여 마신다. 여기저기 뛰어다니다 자투리 시간에 무선 랜을 이용하여 업무를 한다, 일찍 출근하여 회사 근처에서 여유로운 아침을 시작한다.				
목표 콘셉트	세계 최고의 커피를 주문하여 직접 에스프레소 방식으로 즐길 수 있는 커피숍, 혼자 있을 때는 편안하게, 친구와 같이 있을 때는 즐겁게 대화할 수 있는 커피숍, 고객의 오감을 만족시켜주는 문화가 있는 커피숍				

〈표 3-8〉 신메뉴 개발 전략

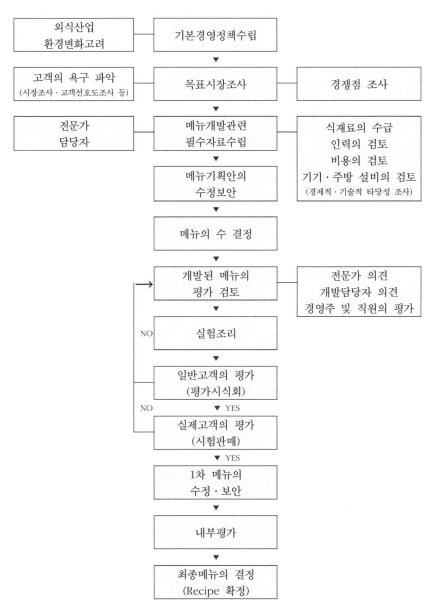

<h2 align="center">〈표 3-9〉 메뉴의 적합성 평가</h2>

주요항목 및 평가요소	세부검토사항	
소비기호 (연령별, 직업별)	• 타깃연령대가 좋아하는 음식인가? • 음식이 깔끔하고 정갈한가? • 타깃연령대의 수준에 적합한가? • 계절 메뉴나 계절 식재료를 사용할 수 있는가? • 건강식, 다이어트식, 기능식인가? • 맛 유지와 양은 적절한가? • 메뉴가격대는 어떤가? • 어린이용 메뉴구비와 디저트는 준비되어 있는가? • 가족고객이 좋아하는가? • 단순식사로 적합한가? • 메뉴북은 깨끗하고 설명이 충분한가? • 행사메뉴(모임, 회식, 기타)로 적합한 메뉴인가?	
점포, 입지, 시장	• 주변 시장의 가격대는? • 접근성(편리성)은? • 시장성(시장수요)은? • 적합한 건물인가? • 경쟁상태는? • 성장 가능한 입지인가? • 유동인구는 얼마나 되는가? • 주차시설은 되어 있는가?	• 혐오시설은 없는가? • 홍보성(가시성)은? • 적합한 입지인가? • 점포규모는? • 상권내의 외식 성향은? • 집객 시설이 있는가? • 유동차량은 얼마나 되는가?
경영효율 (경영관리 계수관리)	• 매출이익은? • 객단가는? • 메뉴관리는 용이한가? • 점포관리는? • 구매의 난이도는?	• 회전율은? • 원가(재료비,인건비,제경비)는? • 서비스의난이도는? • 경영주의 메뉴 이해도는? • 직원 채용은?
식사형태	• 조식 • 중식 • 간식 • 석식 • 미드나이트	
판매방식	• 내점(Eat in) • 배달 • 포장판매 • 복합판매 가능성은?	

2) 브랜드의 주기별 광고 커뮤니케이션 전략

(1) 브랜드 주기별 마케팅 전략

외식 브랜드는 〈표 3-11〉에서 보는 것처럼 주기에 따라 커뮤니케이션이 달라진다. 따라서 각각의 주기별로 가맹점 모집을 위한 마케팅 전략도 다르게 진행되어야 한다. 도입기에는 광고 및 기사 등을 통해 이슈화함으로써 인지도 제고에 힘써야 하고, 성장기에는 사업설명회나 현장실습 등 예상 고객발굴을 위한 자체적 프로그램을 운영하는 것이 효과적이다. 성숙기에 접어들면 성공사례를 통한 자연스런 계약이 이루어 질 수 있도록 꾸준한 광고, 홍보 및 이미지 관리가 이루어져야 한다. 쇠퇴기가 되면 계약실적이 줄어들게 되므로 브랜드의 전체적인 재정비와 함께 동시에 신규 사업에 대한 구상도 이루어져야 된다. 따라서 쇠퇴기 징조가 보일당시 성숙기의 마지막 단계 이므로 지속적인 성장보다 성숙기의 연장을 위한 지속 마케팅에 주력해야 한다. 즉 고객 타깃 등을 다변화 시키고 기존 선호층에 대한 친숙도 애호도를 높여 충성적 우호 고객으로 이어갈 수 있도록 마케팅 전략의 섬세한 실천과 노력이 요구된다.

<표 3-10> 외식 브랜드 주기별 커뮤니케이션 전략

도입기 (사업홍보)	• 모델샵의 영업 활성화에 총력 • 언론에 기사화 • 브랜드 인지도 제고를 통해 계약 유도 • 체험마케팅을 통한 점포 이용유도 • 예비창업자 홍보
성장기 (성공모델의 정착)	• 기획 사업설명회 개최(명강사 초청 등) • 도입기보다는 광고 홍보 효력감소 • 성공사례 만들기 • 성공사례를 바탕으로 한 현장 확인계약 실적 기대 • 경쟁업체 진입 시 탄력적으로 시장 전략 전개
성숙기 (브랜드지명 도 확대)	• 성공사례를 중심으로 한 계약 실적 증가 • 브랜드 정체성 관리 강화(표준화, 전문화, 단순화) • 유지광고/홍보시행 • 브랜드 이미지 관리 • 메뉴개발 및 보완
쇠퇴기 (현상유지/ 신규사업)	• 계약실적 쇠퇴 • 브랜드파워 유지 • 고객욕구 분석을 기초로 한 사업 컨셉 조정 • 재정비 및 제2브랜드 런칭 • R&D 성장전략

(2) 라이프 사이클

유행아이템이 아니라면 대부분 도입기, 성장기, 성숙기, 쇠퇴기 과
정을 거치는 데 좀 더 자세히 알아보면 <표 3-11>와 같다.

〈표 3-11〉 라이프 사이클에 따른 단계별 특성

구분	도입기	성장기	성숙기	쇠퇴기
소비자	소비 준비	소비 시작	소비 절정	소비 위축
경쟁업소	미약	증대	극대	감소
창업시기	창업 준비	창업 시작	차별화	업종변경
매출	조금씩 증가	최고로 성장	평행선	하락
제품 (메뉴)	지명도 낮다	지명도 급상승 및 모방 시작	지명도 최고 제품의 다양화	신 메뉴로 대체시기
유통 (판매)	저항이 높고 점두판매위주	저항 약화되고 주문이 쇄도	주문감소 가격파괴현상	가격파괴절정 생존경쟁으로 재정비
촉진	광고 및 PR 활동성행	상표를 강조하고 경쟁적	캠페인활동 성행 및 제품의 차별성 강조	수요는 판촉에 비해 효과가 미흡
가격	높은 수준	가격인하 정책실시	가격최저로 가격에 민감	재정비에 따른 가격 인상정책
커뮤니 케이션	체험마케팅을 통한 이용유도	성공사례를 바탕으로 현장실적기대	유지강화 브랜드 정체성 관리강화, 성공사례를 중심으로 계약실적증가	계약실적 쇠퇴, 신규사업진출 모색, 고객욕구분석으로 사업 컨셉 조정
진행기간	1년차	2년차	3년차	4년차

① 도입기 : 소수의 초기 수용층이 선도적인 이용패턴을 보이며 시장의 선점이 가능한 반면 모험성이 높다고 하겠다. 이때 전체적인 인지도를 높이기 위해 많은 투자를 해서 구매를 자극해야 하며, 가격정책도 고가정책이나 시장침투를 위해 저가정책을 구사할 수도 있다.

② 성장기 : 초기 수요층에서 2차 수요층으로 고객층이 확산되면서 빠르게 확산되는 시점이며, 유행성을 가지고 파급되는 시점으로 수익성과 성장성이 높은 장점을 지니고 있으나 투자금액이 커지는 등 과잉경쟁의 우려가 있다. 규모의 경제를 통해 관리와 조리원가가 낮아져 이익이 높아진다.

③ 성숙기 : 일반고객들이 업종·업태에 친숙해지고 쉽게 이용하는 단계로 안정성은 높으나 이미 경쟁관계가 형성되어 수익성이 떨어지고 생존경쟁이 치열한 상황이 되었다. 이때는 유지전략이나 방어 전략을 구사해야 한다.

광고는 고객의 눈과 귀, 오감을 사로잡아야 하는 것이 바로 광고의 기본 전략이다. 어떻게 하면 한번 보아도 기억에 오래도록 남게,

혹은 쉽게 연상되게 효율적인 광고를 할 것인가 하는 것은 모든 광고 기획자의 고민일 것이다.

(3) 광고의 매체별 특성과 활용

광고는 여러 가지 매체를 통해 제작할 수 있다. 대표적으로 사용되는 광고매체들로는 TV, 라디오, 신문, 잡지, 옥외광고, 지하철, 인터넷, DM 등이 있다.

최근에는 휴대폰 사용이 대중화됨에 따라 트위터, 페이스북, 카카오스토리, 미투데이 등으로 대표되는 SNS(Social Network Service)를 마케팅 도구로 이용하는 경향이 늘어나고 있다.

① 고정고객 우대 프로그램 : 고객 데이터베이스 구축을 기본으로 하여 고객이탈을 방지하는 목적을 가지고 있다. 구매액이 높은 고객이 반드시 이익에 대한 기여가 높은 것은 아니다. VIP 회원카드, 홈페이지 회원, 마일리지, 스탬프카드, 기념사진 촬영 등의 형태로 운영된다.

② 경품·사은품 : 상품과 별도의 혜택을 제공하는 것으로 브랜드 이미지의 손상이 거의 없고 제품의 차별화가 어려운 경우에 효과적

이다. 또한 광고 시 주목률을 높일 수 있으며 행사를 통해 수집된 정보로 고객 데이터베이스 구축이 가능하다. 행운권(스크래치), 경품, 무료 증정품, 무료 시식권 등이 있다.

③ 구매시점 디스플레이 : 메뉴의 디스플레이, POP, 포스터, 현수 막 등을 이용하여 고객의 구매 시점에 있어서 시선집중을 유도하고 충동구매를 유발할 수 있다.

〈표 3-12〉 온라인마케팅의 하나인 소셜미디어 활용

		블로그	SNS	위키	UCC	마이크로 블로그
사용목적		정보공유	관계형성, 엔터테이 먼트	정보공유, 협업에 의한 지식 창조	엔터테이 먼트	관계형성, 정보공유
주체:대상		1:N	1:1 1:N	N:N	1:N	1:1 1:N
사용환경	채널 다양성	인터넷 의존적	인터넷환경, 이동통신환경	인터넷 의존적	인터넷 의존적	인터넷환경, 이동통신환경
	즉시성	사후기록, 인터넷 연결시에만 정보 공유	사후기록, 현재시점 기록, 인터넷/이동 통신 연결 시 정보공유	사후기록, 인터넷 연결시 창작/공유	사후제작, 인터넷 연결시 콘텐츠 공유	실시간 기록, 인터넷/이동 통신 연결 시 정보공유

〈표 3-13〉 연간 판매촉진 전략

월별	행사	이벤트 기준 및 판촉활동
1	시무식, 신년회, 설날, 대입합격축하회	POP부착, 새해선물(식사권, 할인권 등)을 연하장에 넣어 DM발송, 내점고객 선물 증정(복주머니, 복조리 등)
2	입춘, 봄방학, 졸업식, 환송회	졸업축하 이벤트, 발렌타인데이 특별 디너세트 판매(꽃, 샴페인증정, 초콜릿), 봄맞이 환경처리 실시, 현수막 부착, DM발송(리스트 입수), 정월대보름 오곡밥 축제
3	입학식, 환영회, 대학개강 파티	입학식, 환영회(행사유치를 위한 사전 홍보활동 및 선물제공), 화이트데이 이벤트 실시, 봄 샐러드 축제와 꽃씨제공
4	봄나들이, 한식, 식목일	신 메뉴 개발, DM, 각종 차량에 안내장 부착
5	어린이 날, 어버이 날, 스승의 날, 성년의 날	어린이날 특선메뉴 및 기념품 제공, 가정의 달 효도대잔치(카네이션, 기념사진 등), 독거 소년·소녀와 노인 초청 행사, 서비스 콘테스트 실시, 광고 등
6	각종 체육회, 현충일	국가 유공자 가족 초대회(할인행사)
7	여름보너스, 휴가, 초중고 방학	DM, 여름철 특선 메뉴 실시(빙수, 생과일 쥬스, 호프, 야외 바베큐파티 등), 삼복더위 축제
8	여름휴가, 초중고 개학	한여름 더위를 식힐 화채 개발 시식 및 각종 우대권 제공

월별	행사	이벤트 기준 및 판촉활동
9	대학개학, 초가을레저, 추석	도시락 개발, 행락철에 T/O
10	운동회, 대학축제, 결혼러시, 단풍놀이 행락객	가을미각축제, 과일축제, 송이축제, 전어축제, DM발송
11	학생의 날, 취직, 승진축하	찜요리 축제, 입시생을 위한 특선메뉴(건강식), 송년회 및 회식안내(DM)
12	송년회, 겨울방학, 겨울레저, 첫눈	크리스마스카드 및 연하장 발송(할인권), 점내 POP부착
기타	단골고객의 날 이벤트 개최, 생일 축하, 월 시식일 등	고객관리, 선물 또는 무료 식사권 제공

부록

창업 및 업종 전환, 신규사업 가이드

〈표 1〉 외식산업의 구성요소

외식산업의 구성요소				
가격	식음료	인적서비스	물적서비스	편리성

〈표 2〉 외식기업 경영형태의 장·단점

방법 \ 구분	초기투자	경험도	사업운영 책임도	실패율	재정 위험도	보상
직영	높다	높다	높다	높다	높다	높다
가맹	보통 이하	최저	보통	보통	보통	보통 이상
인수	보통	높다	높다	높다	높다	높다
위탁	없음	보통 이상	보통	보통	보통	보통 이하

〈표 3〉 업종별 분류

				한식점
외식산업	음식중심	일반음식점	일반음식점	일식점
				양식점
				중식점
				기타
			특수음식점	열차식당
				항공기내식당 기내사업
				선박 내 식당
			숙박시설 내 음식점	호텔 내 식당
				리조트,콘도,여관 내 식당(1970년 이전)
		단체음식	학교	초,중,고,대학
			기업	구내식당
			군대방위시설	군대
				전투경찰
				경찰
				교도소
			병원	구내식당
			사회복지시설	연수원
				양로원
				고아원
	음료중심		찻집,술집	커피전문점
				호프집
				술집(대중유흥업소)
			요정,바	요정
				바
				카바레
				나이트클럽, club

〈표 4〉 한식의 유형별 종류

품목	세부종목	품목	세부종목
해물류	조개찜 조개구이 게찜 바닷가재찜 낙지볶음 굴회 오징어볶음	전류	파전 빈대떡 모듬전 오코노미야키
생선류	갈치구이 코다리찜 광어회 장어구이 장어직화 장어양념구이	국물류	된장찌개 부대찌개 청국장 순두부 북어국
육류-쇠고기	쇠고기등심 쇠고기갈비 쇠고기 불고기 쇠고기 샤브샤브	디저트류-빵	샌드위치 초콜릿 케이크 와플 바게트
육류-돼지고기	돼지고기 삼겹살 돼지갈비 돼지등갈비	디저트류-음료	생과일주스 아이스크림 빙수 생과일 요거트 스무디
육류-닭고기	닭튀김 삼계탕 닭강정 닭갈비	디저트류-커피	커피 북카페 애견카페 키즈카페
육류-족발	족발 냉족발 오븐구이족발 쌈족발	출장음식	도시락 제사음식 홈파티
면류	자장면 짬뽕 냉면 잔치국수 메밀	주류	소주 맥주 생맥주 와인 막걸리
탕류	갈비탕 샤브샤브 설렁탕 삼계탕 매운탕	분식류	순대류 튀김 떡볶이 우동 김밥
한식	비빔밥 쌈밥 영양밥 김밥 죽	뷔페류	패밀리뷔페 해산물뷔페 고기뷔페 샐러드뷔페 디저트뷔페 채식뷔페

〈표 5〉 외식업계 업종별 트렌드 핵심 (키워드)

창업할 수 있는 외식 종목들 간 콜라보레이션(모둠+조합) 메뉴

업종	키워드	상세 키워드
한식	건강한 삶과 간편식 시장확대	4S(safety, show, self, single), 건강, 간편식, 유기농, No MSG, 오픈키친, HMR
패밀리 레스토랑	감성을 추구하는 융복합화	콜라보레이션, 감성, 시장 다각화, 초니치 마켓
치킨	카페형 매장과 스포츠 마케팅	가치소비, 힐링, 프리미엄, 싱글족, 치맥 스포츠 마케팅, 간편식, 안전, 차별화, SNS
주점	복고와 엔도르핀 디쉬	복고, 감성, 소형화, 차별화, SNS 콜라보레이션, 인테리어, 합리적 가격
커피	고급 원두와 부티크 매장	웰빙, 건강한 재료, 소형화, 전문화, 차별화, 콜라보레이션, 고급화, 부티크, 복고, 인테리어, 사회공헌, 해외진출
피자	웰빙과 프리미엄의 합리적 소비	웰빙, 고급화, 합리적 가격, 안전·안심, 스포츠마케팅, 복고·향수, 엔도르핀 디쉬, 콜라보레이션, 소형화, 건강한 재료, 싱글족
이탈리안 레스토랑	착한 소비와 건강한 식생활	착한 소비, 오가닉, 건강, 와인
분식	합리적인 가격과 콜라보레이션	콜라보레이션, 소형화, 프리미엄, 합리적 가격, 소량화, 간편식, 싱글족
패스트푸드	안전하고 합리적인 가격	합리적 가격, 간편식, 싱글족, 안심·안전
디저트	매스티지족의 진정성	콜라보레이션, 건강한 재료, 진정성, 유기농, 프리미엄, 인테리어, 독창성

〈표 6〉 소비자 유형별 기호와 변화

소비자 진화 양상 단계 ▼	새로운 소비자 집단 ▼
마담슈머(Madame + Consumer) 구매 결정권을 가진 주부들의 시각에서 제품 평가	**바이슈머(Buy + Consumer)** 해외에서 판매되는 물품을 직접 구입하는 소비자 (직구족)
⇩ **트라이슈머(Try + Consumer)** 기존 정보에 의존하지 않고 제품을 직접 써본 뒤 평가	**모디슈머(Modify + Consumer)** 제조업체에서 제시하는 방식이 아닌 자신만의 방법으로 재창조 해내는 소비자
⇩ **크리슈머(Creative + Consumer)** 신제품 개발이나 디자인, 서비스 등의 문제에 적극 개입해 의견을 제시	**스토리슈머(Story + Consumer)** 기업에 제품과 관련된 자신의 이야기를 적극적으로 알리는 소비자
⇩ **프로슈머(Producer + Consumer)** 제품의 생산단계에 직접 관여하거나 소비자가 생산까지 담당	**쇼루밍족(Showrooming)** 오프라인 매장에서 제품을 보고 온라인을 통해 저렴하게 구매하는 소비자(실속 중시) VS **역쇼루밍족(Reverse Showrooming)** 온라인에서 검색을 통해 제품을 결정한 뒤 오프라인에서 구매하는 소비자
⇩ **가이드슈머(Guide + Consumer)** 기업의 생산현장을 검증하고 잘못된 점은 지적, 잘한 점은 홍보	

〈표 7〉 외식 브랜드의 구성 요소	
브랜드 아이덴티티	브랜드 네임, 브랜드 로고, 브랜드 컬러, 브랜드 캐릭터, 브랜드 슬로건
메뉴	메뉴 구성, 원재료 선택, 조리 방식, 메뉴명, 프리젠테이션, 식기 선택, 메뉴 제공 방식
서비스	서비스 정도, 서비스 방식, 서비스 특성
분위기	SI(Store Identity), 음악(music), 조명(lighting), 유니폼(uniform), 사인(signage)
입지	지역, 입점 형태(free standing/building-in)
가격	가격, 좌석회전율, 식재료비, 인력 및 인건비, 임대료 수준, 할인정책

〈표 8〉 브랜드 아이덴티티의 도출

기능적 속성	맛의 동질성, 볼의 차별성, 메뉴의 다양성, 양의 풍부함, 시간 절약, 이벤트의 독창성, 접근 편의성, 인테리어의 간결성, 가격대비 맛과 양, 가격의 합리성		
이성적 혜택	통일성, 신속성, 다양성, 합리성, 편리성, 독창성, 전문성		
감성적 혜택	신선함, 생동감, 젊음	친근함, 즐거움, 정겨움	편안함, 재미있음
성격	▼ 독특함	▼ 공유성	▼ 편안함
브랜드 아이덴티티	⇩ 스파게티로 특화된 캐주얼 레스토랑		

〈표 9〉 브랜드 콘셉트 키워드의 개발

키워드	내용
다양성	메뉴와 이벤트의 다양성
통일성	각 매장 간 메뉴의 맛, 인테리어의 동질성
합리성	가격대비 맛과 양, 서비스의 만족감
신속성	시간 절약
전문성	네이밍에서의 전문성, 메뉴의 전문성
편리성	접근과 이용, 서비스의 편리성
신선함	음식의 신선함, 신선한 식자재, 이벤트와 제공 방식(홀서비스)의 새로움
생동감	동적이고 활발한 분위기, 생동감 있는 인테리어
젊음	매장 분위기, 주된 색상, 방문하는 고객과 직원의 젊음
친근함	고급스럽지 않고 대중적이며 부담스럽지 않은 친근함
즐거움	밝고 화사한 인테리어와 가격대비 맛과 양이 좋은 것에서 오는 즐거움
정겨움	오픈된 주방이나 인테리어, 함께 나눠먹는 정겨움
편안함	인테리어의 편안함, 위치의 편안함, 서비스나 가격 등의 심리적 편안함
재미	이벤트의 재미, 메뉴를 고르는 재미, 홀서비스의 재미
독특함	홀서비스의 독특함, 패밀리레스토랑과는 다른 분위기와 서비스
공유성	음식을 나눔으로서 얻게 되는 정서의 공유

〈표 10〉 콘셉트 도출 사례

고객 이미지	개성을 추구하는 여대생 (20대 여성)	해외여행 경험이 있는 젊은 세대	신세대 직장인	자유 직업가와 보보스족	아침 일찍 출근하는 직장인
고객 이익	자신만의 공간, 자유롭게 대화	해외에서 경험한 커피 맛	친구와 여유로운 대화, 독특하고 맛있는 장소	다양한 커피 선택, 노트북 PC이용	간단한 빵과 커피
입지 이미지	이대 앞, 대학로, 프레스센터, 명동역, 강남역, 삼성역, 코엑스, 역삼역, 광화문				
고객 서비스	창가 쪽 1인 좌석, 자유공간, 바리스타, 테이크아웃 서비스, 고객 맞춤 커피, 무선 랜 서비스, 포인트제도, 페이스트리				
고객 시나리오	창가에서 음악을 들으며 혼자 책을 본다, 커피향이 나는 포근한 소파에서 친구와 부담 없이 대화한다. 여자 친구와 극장에 가기 전에 만나서 영화 이야기를 하며 즐긴다, 직장 동료와 점심 식사 후 커피를 테이크아웃하여 마신다. 여기저기 뛰어다니다 자투리 시간에 무선 랜을 이용하여 업무를 한다, 일찍 출근하여 회사 근처에서 여유로운 아침을 시작한다.				
목표 콘셉트	세계 최고의 커피를 주문하여 직접 에스프레소 방식으로 즐길 수 있는 커피숍, 혼자 있을 때는 편안하게, 친구와 같이 있을 때는 즐겁게 대화할 수 있는 커피숍, 고객의 오감을 만족시켜주는 문화가 있는 커피숍				

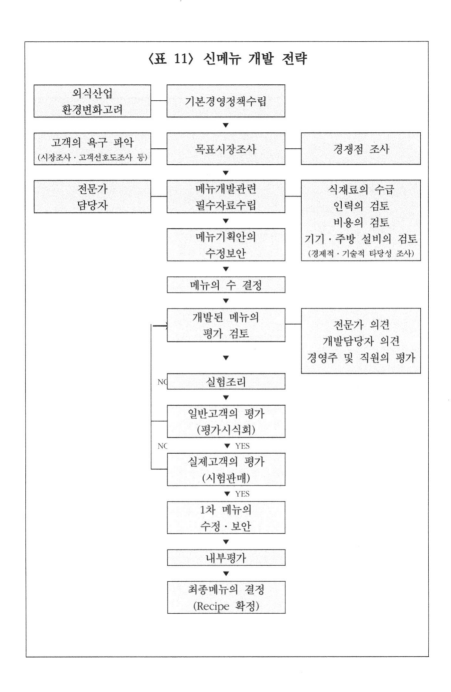

〈표 11〉 신메뉴 개발 전략

외식산업 환경변화고려	기본경영정책수립	
고객의 욕구 파악 (시장조사·고객선호도조사 등)	목표시장조사	경쟁점 조사
전문가 담당자	메뉴개발관련 필수자료수립	식재료의 수급 인력의 검토 비용의 검토 기기·주방 설비의 검토 (경제적·기술적 타당성 조사)
	메뉴기획안의 수정보안	
	메뉴의 수 결정	
	개발된 메뉴의 평가 검토	전문가 의견 개발담당자 의견 경영주 및 직원의 평가
NO	실험조리	
	일반고객의 평가 (평가시식회)	
NO	▼ YES 실제고객의 평가 (시험판매)	
	▼ YES 1차 메뉴의 수정·보안	
	내부평가	
	최종메뉴의 결정 (Recipe 확정)	

〈표 12〉 메뉴의 적합성 평가

주요항목 및 평가요소	세부검토사항	
소비기호 (연령별, 직업별)	• 타깃연령대가 좋아하는 음식인가? • 음식이 깔끔하고 정갈한가? • 타깃연령대의 수준에 적합한가? • 계절 메뉴나 계절 식재료를 사용할 수 있는가? • 건강식, 다이어트식, 기능식인가? • 맛 유지와 양은 적절한가? • 메뉴가격대는 어떤가? • 어린이용 메뉴구비와 디저트는 준비되어 있는가? • 가족고객이 좋아하는가? • 단순식사로 적합한가? • 메뉴북은 깨끗하고 설명이 충분한가? • 행사메뉴(모임, 회식, 기타)로 적합한 메뉴인가?	
점포, 입지, 시장	• 주변 시장의 가격대는? • 접근성(편리성)은? • 시장성(시장수요)은? • 적합한 건물인가? • 경쟁상태는? • 성장 가능한 입지인가? • 유동인구는 얼마나 되는가? • 주차시설은 되어 있는가?	• 혐오시설은 없는가? • 홍보성(가시성)은? • 적합한 입지인가? • 점포규모는? • 상권내의 외식 성향은? • 집객 시설이 있는가? • 유동차량은 얼마나 되는가?
경영효율 (경영관리 계수관리)	• 매출이익은? • 객단가는? • 메뉴관리는 용이한가? • 점포관리는? • 구매의 난이도는?	• 회전율은? • 원가(재료비,인건비,제경비)는? • 서비스의난이도는? • 경영주의 메뉴 이해도는? • 직원 채용은?
식사형태	• 조식 • 중식 • 간식 • 석식 • 미드나이트	
판매방식	• 내점(Eat in) • 배달 • 포장판매 • 복합판매 가능성은?	

〈표 13〉 외식 브랜드 주기별 커뮤니케이션 전략

도입기 (사업홍보)	• 모델샵의 영업 활성화에 총력 • 언론에 기사화 • 브랜드 인지도 제고를 통해 계약 유도 • 체험마케팅을 통한 점포 이용유도 • 예비창업자 홍보
성장기 (성공모델의 정착)	• 기획 사업설명회 개최(명강사 초청 등) • 도입기보다는 광고 홍보 효력감소 • 성공사례 만들기 • 성공사례를 바탕으로 한 현장 확인계약 실적 기대 • 경쟁업체 진입 시 탄력적으로 시장 전략 전개
성숙기 (브랜드지명도 확대)	• 성공사례를 중심으로 한 계약 실적 증가 • 브랜드 정체성 관리 강화(표준화, 전문화, 단순화) • 유지광고/홍보시행 • 브랜드 이미지 관리 • 메뉴개발 및 보완
쇠퇴기 (현상유지/ 신규사업)	• 계약실적 쇠퇴 • 브랜드파워 유지 • 고객욕구 분석을 기초로 한 사업 컨셉 조정 • 재정비 및 제2브랜드 런칭 • R&D 성장전략

〈표 14〉 라이프 사이클에 따른 단계별 관리전략

구분	도입기	성장기	성숙기	쇠퇴기
소비자	소비 준비	소비 시작	소비 절정	소비 위축
경쟁업소	미약	증대	극대	감소
창업시기	창업 준비	창업 시작	차별화	업종변경
매출	조금씩 증가	최고로 성장	평행선	하락
제품 (메뉴)	지명도 낮다	지명도 급상승 및 모방 시작	지명도 최고 제품의 다양화	신 메뉴로 대체시기
유통 (판매)	저항이 높고 점두판매위주	저항 약화되고 주문이 쇄도	주문감소 가격파괴현상	가격파괴절정 생존경쟁으로 재정비
촉진	광고 및 PR 활동성행	상표를 강조하고 경쟁적	캠페인활동 성행 및 제품의 차별성 강조	수요는 판촉에 비해 효과가 미흡
가격	높은 수준	가격인하 정책실시	가격최저로 가격에 민감	재정비에 따른 가격 인상정책
커뮤니 케이션	체험마케팅을 통한 이용유도	성공사례를 바탕으로 현장실적기대	유지강화 브랜드 정체성 관리강화, 성공사례를 중심으로 계약실적증가	계약실적 쇠퇴, 신규사업진출 모색, 고객욕구분석으 로 사업 컨셉 조정
진행기간	1년차	2년차	3년차	4년차

〈표 15〉 외식산업의 소득 수준별 발전

구분	GNP($)	성장과정	주요업체등장
1960년대	100 ~200	식생활의 궁핍 및 침체기(6·25전쟁 후), 밀가루 위주의 식생활 유입(미국 원조품), 분식의 확산 및 식생활 개선 문제 부상	뉴욕제과(67), 개업업소 및 노상 잡상인 대량 출현
1970년대	248 ~ 1,644	영세성 요식업의 우후죽순 출현, 경제 개발 계획에 따른 식생활 향상, 해외브랜드 도입 및 프랜차이즈 태동, 국내프랜차이즈 시작 : 난다랑(79.7), 서구식 외식업 시작 : 롯데리아(79.10)	가나안제과(76) 난다랑(79) 롯데리아(79)
1980년대 초반	1,592 ~ 2,158	외식 산업의 태동기(요식업→외식산업), 영세 난립형 체인점 출현(햄버거, 국수, 치킨 등), 해외 유명브랜드 진출 가속화	아메리카(80) 윈첼(82) 짱구짱구(82) 웬디스(84) KFC(84) 장터국수(84) 신라명과(84) 등
1980년대 후반	2,194 ~ 4,127	외식산업의 적응 성장기(중소기업, 영세업체난립), 식생활의 외식화·레저화·가공식품화 추세, 패스트푸드 및 프랜차이즈 중심 시장 선도, 패밀리 레스토랑·커피숍·호프점·베이커리·양념치킨 등 약진	맥도날드(86) 피자인(88) 코코스(88) 도투루(89) 나이스데이(89) 만리장성(86)
1990년대 초반	5,569 ~ 10,000	외국산업의 전환기(95년 산업으로서 정착), 중·대기업의 신규진출 러시 및 유명브랜드 도입, 프랜차이즈 급성장 및 도태, 시스템 출현(외식근대화)	나이스데이 씨즐러 스카이락 TGIF 등 아웃백, 빕스, 베니건스, 애슐리, 마르쉐 등

구분	GNP($)	성장과정	주요업체등장
1990년대 후반	6,500 ~ 9,800	IMF로 경기침체, 전체적인 침체, 불황 중 실직자들의 생계수단과 고용 창출 효과, 침체기에도 꾸준한 성장을 이룸, 다양한 형태의 소비패턴에 따른 점포의 변화	서울 경기지역 외식기업 포화 상태로 지방음식의 체인화와 수도권 중심의 패밀리 레스토랑의 지방 진출과 발전
2000년대 초반	10,000- 15,000	웰빙 문화로 인한 패스트푸드의 변화, 광우병파동으로 일부 산업 심각한 타격, 조류독감으로 치킨업계 일시적인 위기, 꾸준한 발전으로 전체 국민 노동력의 50%이상 고용 창출한 거대산업으로 발전	프랜차이즈 포화, 국내 브랜드 등장
2000년대 후반	15,000- 21,500	국내브랜드 프랜차이즈 대거 등장 및 대기업·식품업계의 외식산업 진출, 대기업 3세들의 외식산업진출(신세계:스타벅스로부터시작-투썸플레이스 등)	(할리스, 카페베네 등)
2010년대 초반	21,500 ~ 25,000	경기침체와 세월호 사건으로 인한 외식위주의 식단이 집으로 이동, 정부규제에 의한 외식분야와 식품분야의 위축	대기업 진출에 대한 정부규제, 상생과 공생의 기업 논리
2010년대 후반	25,000 ~ 30,000	대기업 외식산업이 상생과 공생을 내세운 중소기업 외식 정책으로 변화, 대기업의 외식산업 진출 금지, 외식문화의 침체기와 과다 경쟁	CS를 통한 기업 이익과 고객만족 공존

〈표 16〉 한국의 외식산업 발전과정

연대	발전내용	주요업체
1960년대 이전	• 전통 음식점 중심의 음식업 태동기 • 식생활 및 식습관의 가내 주도형 • 식량지원 부족(생존단계)	• 이문설렁탕(1907) • 용금옥(1930) • 한일관(1934) • 조선옥(1937) • 안동장(1940) • 고려당(1945) • 남포면옥(1948)
1960년대	• 6·25전쟁 후 식생활 궁핍 및 음식업 침체기 • 혼분식 확산(미국원조 밀가루 위주의 식생활)	• 삼양라면 최초 시판(1963) • 비어홀(1964) • 코카콜라(1966) • 뉴욕제과 신세계 본점 프랜차이즈 1호점(1968)
1970년대	• 해외브랜드 도입기 • 프랜차이즈 태동기 • 대중음식점 출현	• 난다랑(1979) 국내 프랜차이즈 1호 • 롯데리아(1979) 서구식 외식 시스템 시발점
1980년대	• 외식산업 전환기 • 해외브랜드 진출 가속화 • 국내 자생브랜드 난립 • 부산 아시안 게임(1986) • 서울 올림픽(1988)	• 아메리카나(1980) • 서울 프라자 호텔이 여의도 전경련 빌딩, 프라자(한식당), 도원(중식당), 연회장 운영(1980) • 윈첼도우넛, 버거킹(1982) • 서울 프라자호텔 열차식당 운영(1983) • 웬디스, 피자헛, KFC(1984) • 맥도널드(1986) • 피자인, 코코스, 크라운베이커리, 나이스데이, 놀부보쌈(1988)

연대	발전내용	주요업체
1990년대	• 외식산업 성장기 • 대기업 외식산업 진출 • 패밀리레스토랑 진출 • 전문점 태동	• TGIF 판다로시(1992) • 시즐러(1993) • 데니스, 스카이락, 케니로저스 (1994) • 토니로마스, 베니건스, 블루노트, BBQ(1995) • 마르쉐(1996) • 칠리스, 우노, 아웃백스테이크하우스(1997)
2000년대	• 외식산업의 전성기 • 식품업계의 외식산업 진출 • 대기업의 외식산업 점령 • 골목상권 장악 • 자금력에 의한 규모화	• 커피(음료)전문점의 강세, 포화 • 해외진출사례 (할리스 토종브랜드)
2010년	정부의 규제와 경기침체로 인한 외식산업 침체기, 외식업의 다양화를 통한 커피전문점의 활성화를 꾀하고 있으나 국내포화로 인한 도산위기, 해외진출의 판로가 절실	• 첫손님가게(2013년2월) -기부문화의 정착 • 공생과 상생의 기로 • 대기업의 골목상권진출 금지 등
2020년	• 프랜차이즈를 중심으로 한 한류 K-Food 확산 • 해외 진출 본격화 • 맛, 웰빙, 디테일이 주도 • 성장 정체	• 놀부 NBG • 치킨 브랜드 • CJ 푸드빌 해외 100호점(2012) • 파리바게트(2015년 해외 200호점 개설)

〈표 17〉 국내 프랜차이즈 산업의 변천사

시대별	구분	주요 브랜드 및 이슈
1970년대	**태동기** • 프랜차이즈 산업모델 국내 첫선 • 기업형 프랜차이즈 탄생	• 1977년 림스치킨 • 1979년 7월 국내 프랜차이즈 1호점 난다랑(동숭동) • 1979년 10월 롯데리아 소공동
1980년대	**도입 및 성장기** • 패스트푸드 도입에 따라 대기업 외식업진출 • 해외 패스트푸드 프랜차이즈 국내 진출 • 한식 프랜차이즈시작 (놀부보쌈/송가네왕족발/ 감미옥 등) • 88서울 올림픽 개최	• 1982년 페리카나 • 1983년 장터국수 • 1984년 KFC/버거킹/웬디스 • 1985년 피자헛/피자인/베스킨라빈스 • 1986년 파리바게트 • 1987년 투다리 • 1988년 코코스 • 1989년 도미노피자/놀부/멕시카나
1990년대	**성숙기** • 국내 프랜차이즈 기반 구축 • 국내 최초 패밀리 레스토랑 개념 도입 • 1988년 외환위기 • 1989년 (사)한국 프랜차이즈산업협회 설립	• 1990년 미스터피자 • 1991년 원할머니보쌈/교촌치킨 • 1992년 맥도날드/TGIF 사업개시 • 1993년 한솔도시락/미다래/파파이스 • 1994년 데니스/던킨도너츠 • 1995년 베니건스/토니로마스/씨즐러/ BBQ • 1996년 김가네/마르쉐/쇼부 • 1997년 빕스/아웃백스테이크/칠리스/ 우노 • 1998년 쪼끼쪼끼/스타벅스/코바코 • 1999년 BBQ 국내 최초 가맹점 1000호점 달성 • 1999년 (사)한국프랜차이즈협회 설립인가

시대별	구분	주요 브랜드 및 이슈
2000년대	**해외진출 초창기** **일부 업종 포화기** • 국내 외식브랜드 중국, 일본 등 해외진출 가속화 2002년 한일 월드컵 개최 • 치킨프랜차이즈 붐업	• 2000년 미소야, 투다리 중국 청도 진출 • 2001년 퀴즈노스/매드포갈릭/사보텐/ 파스쿠찌 • 2002년 파파존스/본죽, 분쟁조정협의회 설치 • 2003년 프레쉬니스버그/명인만두/ 피쉬앤그릴/BBQ 중국 진출 • 2004년 크리스피크림도넛 • 2005년 뚜레쥬르 중국 진출 • 2006년 토다이, 놀부 일본 진출 • 2007년 BBQ 싱가포르 진출
2010년대	**저성장기** **해외진출 가속화** • 식재료 수급 불안정 • 해외진출 가속화 • 외식업관련 법과 제도 정비 • 중소기업 적합업종 선정 • 대기업 빵집 사업 철수 • 공정위 모범거래기준안 발표 • 가맹사업법 추진 • 음식점 금연구역 전면시행(2015) • 디저트 업종 활성화 • 일본, 유럽 등 해외디저트브랜드 도입 활발 • 소프트아이스크림, 팥빙수, 츄러스 등 브랜드 활성화	• 2010년 채선당 인도네시아 진출 • 2012년 파리바게뜨 중국 100호점, CJ푸드빌 해외 100호점 • 2011년 놀부 NBG, 美 모건스탠리PE에 지분 매각, 제스터스, 잠바주스, 망고식스 • 2012년 베코와플, 투뿔등심, 와플트리, 모스버거 • 2013년 바르다김선생, 고봉민김밥, 설빙, 깐부치킨, 이옥녀팥집, 족발중심, 미스터시래기, 고디바, 소프트리 • 2014년 자연별곡, 올반, 계절밥상 등 한식뷔페 • 2015년 11월 미스터 피자 중국 100호점 출점 • 2015년 12월 파리바게트 해외 200호점

〈표 18〉 시대별 외식브랜드(메뉴)콘셉트의 변화추이

메뉴	시대	외식 브랜드
햄버거	1980~1985	롯데리아, 아메리카나, 빅웨이
면류	1986~1988	장터국수, 다림방, 다전국수, 민속마당, 국시리아, 참새방앗간
양념치킨	1988~1990	페리카나, 처갓집, 림스치킨
보쌈	1990~1992	놀부보쌈, 촌집보쌈, 할매보쌈
우동		언가, 천수, 나오미, 기소야
신개념퓨전 레스토랑		(피자, 햄버거, 아이스크림, 통닭 등 모두 판매) 굿후렌드, 코넬리아, 아톰플라자, 해피타임
쇠고기뷔페	1992~1993	엉클리 외
커피		쟈뎅, 미스터커피, 왈츠, 브레머
피자	1993~1994	시카고피자, 피자헛, 도미노피자
피자뷔페	1994~1996	베네벤토, 아마또, 오케이, 베니토, 카이노스
탕수육		탕수 탕수 외
김밥		종로김밥, 김가네김밥, 압구정김밥
조개구이	1996~1997	조개굽는 마을, 미스조개 열받네, 바다이야기, 조개부인 바람났네
칼국수		봉창이해물칼국수, 유가네칼국수, 우리밀칼국수
북한음식		모란각, 통일의 집, 고향랭면, 발용각, 진달래각
요리주점	1997~1999	투다리, 칸, 천하일품, 대길, 기린비어페스타

메뉴	시대	외식 브랜드
찜닭		봉추찜닭, 고수찜닭, 계백찜닭
참치		참치명가, 동신참치, 동원참치
에스프레소 커피	1999~2001	할리스, 커피빈, 프라우스타, 이디야
돈가스		라꾸라꾸, 하루야, 패밀리언
생맥주		쪼끼쪼끼, 해피리아, 블랙쪼끼, 비어캐빈
아이스크림		레드망고, 아이스베리
회전초밥	2001~2003	스시히로바, 사까나야, 기요스시
하우스맥주		오키스브로이하우스, 플래티늄, 도이치브로이하우스
불닭		홍초불닭, 화계, 땡초불닭
퓨전 오므라이스		오므토토마토, 오므라이스테이, 오므스위트, 에그몽
중저가 샤브샤브	2004~2005	정성본, 채선당, 어바웃샤브
베트남 쌀국수		호아빈, 포베이, 포메인, 포타이

메뉴	시대	외식 브랜드
해물떡찜	2006~2007	해물떡찜0410, 크레이지페퍼, 홍가네해물떡찜
정육형 고깃집	2006~2007	다하누촌, 산외한우마을
저가 쇠고기		아지매, 우스, 꽁돈, 우쌈, 우마루, 행복한 우담
국수	2008~2009	(비빔국수, 잔치국수)망향비빔국수, 명동할머니국수, 산두리비빔국수, 닐니리맘보
일본라멘		하코야, 멘쿠샤, 라멘만땅, 이찌멘
카페	2008~2013	스타벅스, 카페베네, 파리바게뜨
떡볶이	2011~2012	아딸, 죠스, 국대, 동대문엽기떡볶이
샐러드, 집밥	2013~2014	샐러드뷔페, 계절밥상, 자연별곡
디저트카페	2015~2017	몽슈슈, 초코렛바, 빙수 등 디저트

〈표 19〉 업종별 음식점업 현황(2015년 기준)

분류		업체수		종사자수	
		(개)	%	(명)	%
음식점업	한식점업	299,477	65.1	841,125	59.9
	한식점 제외한 총합	159,775	34.9	562,513	40.1
	중국 음식점업	21,503	4.7	76,608	5.5
	일본 음식점업	7,466	1.6	33,400	2.4
	서양 음식점업	9,954	2.2	67,279	4.8
	기타 외국식 음식점업	1,588	0.3	8,268	0.6
	기관 구내 식당업	7,830	1.7	48,000	3.4
	출장 및 이동 음식업	511	0.1	2,620	0.2
	기타 음식점업	110,923	24.2	326,338	23.2
	소계	459,252	100.0	1,403,638	100.0
주점 및 비알콜 음료점업		176,488		420,576	
음식점업(합계)		635,740		1,824,214	

〈표 20〉 사업장 면적규모별 음식점 분포도(2015년 기준)

사업장 면적규모		음식점수(개)	(%)
30㎡ 미만	(9.3평)	75,977	12.0
30㎡~50㎡	(9.3평~15.4평)	131,003	20.6
50㎡~100㎡	(15.4평~30.9평)	271,277	42.7
100㎡~300㎡	(30.9평~92.6평)	135,299	21.3
300㎡~1,000㎡	(92.6평~302.5평)	19,856	3.1
1,000㎡~3,000㎡	(302.5평~907.5평)	2,057	0.3
3,000㎡	(907.5평)	271	0.1
합 계		635,740	100.0

〈표 21〉 종사자 규모별 음식점(주점업포함)

(2015년 기준)

종사자규모	음식점수(개)	(%)	종사자수(명)	(%)
1~4명	559,338	88.0	1,170,619	64.2
5~9명	61,176	9.6	375,014	20.6
10~19명	11,685	1.8	147,249	8.0
20명 이상	3,541	0.6	131,332	7.2
합계	635,740	100.0	1,824,214	100.0

〈표 22〉 년 매출규모별 음식점 및 종사원 분포도

(2015년 기준)

매출규모	음식점수(개)	(%)	종사원수(명)	(%)
50 만원 미만	156,598	34.1	282,449	20.2
50~100만원	150,523	32.8	347,310	24.7
100~500만원	132,474	28.8	503,483	365.9
500~1000만원	15,862	3.4	152,236	10.8
1000만원 이상	4,294	0.9	118,160	8.4
합계	459,252	100.0	1,403,638	100.0

〈표 23〉 음식점업 시도별 현황(2015)

구분	사업체수	사업체수 비중	종사자수	매출액	업체당 매출액	1인당 매출액
전국	635.7	100	1,824.2	79,579.6	125.1	43.6
서울	116.8	18.4	409.1	19,559.5	167.4	47.8
부산	47.1	7.4	135.7	5,921.2	125.6	43.6
대구	31.4	4.9	84.8	3,513.7	112.0	41.5
인천	29.8	4.7	85.1	3,845.9	128.9	45.2
광주	17.1	2.7	50.3	2,163.1	126.3	43.0
대전	18.3	2.9	54.2	2,559.1	140.0	47.2
울산	16.1	2.5	42.9	2,043.7	126.9	47.6
세종	1.6	0.2	4.1	185.2	116.7	44.7
경기	126.7	19.9	387.3	17,754.4	140.1	45.8
강원	29	4.6	68.8	2,521.8	86.9	36.7
충북	22.7	3.6	56.4	2,227.0	98.0	39.5
충남	28.2	4.4	71.8	3,056.2	108.3	42.6
전북	22.7	3.6	60.2	2,202.3	96.9	36.6
전남	25.6	4.0	60.7	2,262.0	88.5	37.3
경북	41.8	6.6	95.6	3,788.9	90.6	39.6
경남	49.9	7.8	125.4	4,906.1	98.3	39.1
제주	10.8	1.7	31.7	1,039.6	96.5	32.8

〈표 24〉 프랜차이즈 산업 주요 3개국 현황

구분	한국(2015년)	일본(2012년)	미국(2010년)
가맹본부 수	3,482	1,281	2,300
가맹점 수	207,068	240,000	767,000
매출액(년)	약 102조	약 22조 287억 엔	1조 달러
고용인원	124만	200~300만	1,740만
외식업 비중	본부 72% 가맹점 44%	외식업 17.5% (매출기준) 외식업 41.8% (본부기준)	외식업 42% 패스트푸드 31%

〈표 25〉 외식 프랜차이즈 현황

구분	외식가맹 본부 수	전체가맹 본부 수	외식가맹점 수	전체가맹점 수
2011	1,309(64%)	2,042	60,268(40.5%)	148,719
2012	1,598(66.4%)	2,405	68,068(39.8%)	170,926
2013	1,810(67.5%)	2,678	72,903(41.3%)	176,788
2014	2,089(70.3%)	2,973	84,046(44.1%)	190,730
2015	2,251(72.4%)	3,482	88,953(45.8%)	194,199

〈표 26〉 국내 프랜차이즈 현황(2015 기준)

가맹본부	가맹점
외식업 72%	외식업 46%
서비스업 19%	서비스업 31%
도·소매업 9%	도·소매업 23%

〈표 27〉 국내 프랜차이즈 현황(2015 기준)

년도	가맹본부 수	가맹브랜드 수	직영점 수	가맹점 수
2010년	2,042	2,550	9,477	148,719
2015년	3,482	4,288	12,869	194,199

〈표 28〉 국내 프랜차이즈 업종별 브랜드 수(단위:개)

년도	전체	외식업	서비스업	도소매업
2011년	2,947	1,942	593	392
2012년	3,311	2,246	631	434
2013년	3,691	2,263	743	325
2014년	4,288	3,142	793	353

<표 29> 국내 외식 프랜차이즈 가맹점 수(단위:개)

치킨	한식	주점	피자 · 햄버거
22,529	20,119	10,934	8,542
커피전문점	제빵 · 제과	분식 · 김밥	일식 · 서양식
8,456	8,247	6,413	2,520

<표 30> 외식 업종별 신생률(단위:%)

업종	수도권				비수도권
	서울	인천	경기	평균	
한식음식점	7.6	8.1	7.9	7.8	7.1
중식음식점	7.5	5.4	8.4	7.7	5.3
일식음식점	10.7	6.5	11.1	10.5	9.0
경양식음식점	9.9	13.6	11.8	10.6	10.8
패스트푸드점	9.4	10.9	12.1	10.8	13.4
치킨전문점	10.2	10.8	10.7	10.5	10.9
분식음식점	6.4	11.5	11.3	8.5	9.9
주점	9.6	8.4	10.2	9.7	8.0
커피숍	20.7	22.1	24.7	22.5	20.0

〈표 31〉 업종별 활동업체수 증감률(단위:%)

업종	수도권				비수도권
	서울	인천	경기	평균	
한식음식점	-1.3	-0.5	-1.1	**-1.1**	-0.4
중식음식점	0.1	-2.1	0.2	**-0.1**	-1.6
일식음식점	3.3	0.6	3.4	**3.1**	3.3
경양식음식점	1.6	5.7	3.5	**2.3**	2.0
패스트푸드점	-0.7	4.0	5.3	**2.4**	7.0
치킨전문점	1.4	0.9	2.9	**2.1**	3.8
분식음식점	-3.4	0.7	1.4	**-1.4**	1.9
주점	-0.3	0.2	0.9	**0.3**	1.2
커피숍	15.1	20.8	20.7	**18.0**	13.1

〈표 32〉 업종별 5년 생존율(단위:%)

업종	수도권				비수도권
	서울	인천	경기	평균	
한식음식점	55.4	57.0	56.4	**56.0**	61.7
중식음식점	63.5	69.6	61.4	**63.1**	72.2
일식음식점	59.5	50.0	57.3	**58.2**	68.0
경양식음식점	61.4	48.7	59.3	**60.5**	61.2
패스트푸드점	53.0	69.4	60.4	**58.2**	63.9
치킨전문점	61.9	54.7	59.8	**60.0**	63.4
분식음식점	49.9	54.0	49.8	**50.4**	58.0
주점	59.0	63.9	58.2	**59.1**	65.7
커피숍	57.4	64.8	48.7	**54.5**	51.6

⟨표 33⟩ 수도권 업종별 생존기간 10년 미만 비율

업종	수도권(%)				비수도권(%)
	서울	인천	경기	평균	
한식음식점	53.9	50.4	56.7	**54.9**	45.9
중식음식점	47.3	45.2	53.7	**49.9**	37.5
일식음식점	63.5	46.4	62.2	**61.7**	54.0
경양식음식점	59.4	64.5	64.7	**61.2**	56.7
패스트푸드점	78.2	73.8	69.4	**73.7**	62.6
치킨전문점	68.5	69.7	71.6	**70.3**	66.5
분식음식점	43.6	65.7	64.3	**52.7**	57.0
주점	58.8	52.0	61.3	**59.1**	55.3
커피숍	86.5	76.2	84.4	**84.5**	70.3

⟨표 34⟩ 업종별 상주인구기준 포화도 상위 지역

업종	서울	인천	경기
한식음식점	중구(3.6)	옹진군(2.1)	가평군(3.5)
중식음식점	중구(3.5)	중구(2.3)	가평군(2.8)
일식음식점	중구(3.8)	강화군(1.9)	평택시(2.9)
경양식음식점	종로구(2.9)	중구(2.0)	포천시(3.0)
패스트푸드점	강남구(4.7)	중구(1.5)	가평군(3.6)
치킨전문점	중구(2.4)	동구(1.6)	연천군(2.7)
분식음식점	종로구(3.3)	동구(1.9)	연천군(4.0)
주점	마포구(2.4)	부평구(1.3)	구리시(2.5)
커피숍	중구(3.9)	강화군(1.8)	연천군(3.2)

<표 35> 2015년 활동업체 현황(단위:개,%)

| | | 전국 | 수도권 | | | | 비수도권 |
			서울	인천	경기	평균	
한식 음식점	개수	289,358	53,092	11,408	58,235	**122,735**	166,623
	증감	-2,015	-680	-56	-623	**-1,359**	-656
	증감률	-0.7	-1.3	-0.5	-1.1	**-1.1**	-0.4
중식 음식점	개수	21,428	4,030	999	3,970	**8,999**	12,429
	증감	-218	4	-21	6	**-11**	-207
	증감률	-1.0	0.1	-2.1	0.2	**-0.1**	-1.6
일식 음식점	개수	12,784	4,844	645	2,499	**7,988**	4,796
	증감	394	155	4	82	**241**	153
	증감률	3.2	3.3	0.6	3.4	**3.1**	3.3
경양식 음식점	개수	27,023	9,463	575	4,141	**14,179**	12,844
	증감	568	148	31	139	**318**	250
	증감률	2.1	1.6	5.7	3.5	**2.3**	2.0
패스트 푸드점	개수	8,283	1,738	366	1,837	**3,941**	4,342
	증감	378	-13	14	93	**94**	284
	증감률	4.8	-0.7	4.0	5.3	**2.4**	7.0
치킨 전문점	개수	36,895	5,745	1,987	8,966	**16,698**	20,197
	증감	1,085	80	18	250	**348**	737
	증감률	3.0	1.4	0.9	2.9	**2.1**	3.8
분식 음식점	개수	41,454	12,075	2,094	7,171	**21,340**	20,114
	증감	73	-423	15	102	**-306**	379
	증감률	0.2	-3.4	0.7	1.4	**-1.4**	1.9
주점	개수	65,775	12,396	3,908	13,941	**30,245**	35,530
	증감	512	-39	6	120	**87**	425
	증감률	0.2	-0.3	0.2	0.9	**0.3**	1.2
커피숍	개수	50,270	11,055	2,446	9,712	**23,213**	27,057
	증감	6,666	1,453	421	1,664	**3,538**	3,128
	증감률	15.3	15.1	20.8	20.7	**18.0**	13.1

⟨표 36⟩ 국내 주요 50개 외식업체 2016년 실적

	법인명	대표브랜드	매출액		
			2016년	증감률	2015년
1	파리크라상	파리바게뜨	1,777,178,739,028	2.86%	1,727,743,711,101
2	CJ푸드빌	빕스	1,250,423,221,494	3.66%	1,206,274,856,583
3	스타벅스코리아	스타벅스	1,002,814,318,251	29.58%	773,900,207,510
4	롯데GRS	롯데리아	948,881,502,698	-1.17%	960,107,706,719
5	이랜드파크	애슐리	805,448,929,846	11.06%	725,259,064,288
6	농협목우촌	또래오래	539,706,247,053	06.05%	574,447,698,787
7	비알코리아	던킨도너츠	508,589,410,709	-2.24%	520,244,187,126
8	교촌에프앤비	교촌치킨	291,134,570,511	13.03%	257,568,343,023
9	비케이알	버거킹	253,165,340,964	-9.10%	278,519,490,955
10	제너시스BBQ	BBQ	219,753,548,128	1.80%	215,859,733,466
11	청오디피케이	도미노피자	210,258,669,230	7.61%	195,397,386,682
12	해마로푸드서비스	맘스터치	201,871,094,029	35.82%	148,630,305,769
13	에스알에스코리아	KFC	177,025,154,533	1.32%	174,724,909,649
14	더본코리아	새마을식당	174,871,404,102	41.18%	123,861,782,375
15	본아이에프	본죽	161,915,426,742	12.99%	143,298,606,904
16	이디야	이디야커피	153,544,611,986	13.30%	135,521,376,709
17	지앤푸드	굽네치킨	146,963,838,585	49.35%	98,403,070,608
18	커피빈코리아	커피빈	146,020,774,483	5.10%	138,938,692,307
19	할리스에프앤비	할리스커피	128,620,870,080	18.45%	108,584,230,041
20	놀부	놀부부대찌개	120,371,880,274	0.61%	119,644,883,536
21	엠피그룹	미스터피자	97,057,713,543	-12.03%	110,334,442,101
22	한솥	한솥도시락	93,450,170,833	8.69%	85,977,883,670
23	탐앤탐스	탐앤탐스	86,904,811,559	-2.09%	88,763,650,721
24	아모제푸드	카페아모제	77,709,476,186	-10.79%	87,021,856,784
25	카페베네	카페베네	76,579,195,280	-30.45%	110,110,201,113
26	토다이코리아	토다이	75,712,432,549	1.81%	74,366,111,820
27	원앤원	원할머니보쌈	75,335,571,616	-1.76%	76,685.431,644
28	디딤	신마포갈매기	65,752,103,510	6.20%	61,915,832,179
29	엔티스	경복궁	64,214,566,518	0.04%	64,191,883,374
30	전한	강강술래	62,605,427,065	16.76%	53,617,791,947

	법인명	대표브랜드	영업이익		
			2016년	증감률	2015년
1	파리크라상	파리바게뜨	66,466,341,645	-2.83%	68,401,992,788
2	CJ푸드빌	빕스	7,612,835,874	-27.61%	10,515,825,667
3	스타벅스코리아	스타벅스	85,263,869,944	80.87%	47,141,285,776
4	롯데GRS	롯데리아	19,265,680,668	43.52%	13,423,529,274
5	이랜드파크	애슐리	-13,042,395,296	적자지속	-18,567,855,117
6	농협목우촌	또래오래	2,388,904,185	-43.58%	4,234,412,263
7	비알코리아	던킨도너츠	40,507,512,902	-21.78%	51,789,190,475
8	교촌에프앤비	교촌치킨	17,697,273,857	16.81%	15,150,420,135
9	비케이알	버거킹	10,753,419,177	-11.41%	12,138,378,984
10	제너시스BBQ	BBQ	19,119,575,719	37.65%	13,889,867,948
11	청오디피케이	도미노피자	26,148,974,238	14.85%	22,763,349,909
12	해마로푸드서비스	맘스터치	17,257,002,377	93.95%	8,897,630,011
13	에스알에스코리아	KFC	-12,262,188,782	적자전환	2,519,865,023
14	더본코리아	새마을식당	19,762,485,462	80.08%	10,974,482,886
15	본아이에프	본죽	9,643,020,060	108.54%	4,624,133,933
16	이디야	이디야커피	15,785,054,983	-3.36%	16,333,174,813
17	지앤푸드	굽네치킨	14,074,334,840	150.02%	5,629,268,870
18	커피빈코리아	커피빈	6,415,508,347	63.97%	3,912,507,369
19	할리스에프앤비	할리스커피	12,733,558,418	85.71%	6,856,590,390
20	놀부	놀부부대찌개	4,471,311,917	71.67%	2,604,572,263
21	엠피그룹	미스터피자	-8,906,726,136	적자지속	-7,258,907,426
22	한솥	한솥도시락	7,537,969,650	-3.90%	7,844,235,483
23	탐앤탐스	탐앤탐스	2,361,398,129	-46.33%	4,399,702,445
24	아모제푸드	카페아모제	-691,750,183	적자지속	-514,452,289
25	카페베네	카페베네	-554,827,454	적자지속	-4,381,991,762
26	토다이코리아	토다이	1,890,163,061	-34.38%	2,880,632,811
27	원앤원	원할머니보쌈	1,906,415,161	28.04%	1,488,921,918
28	디딤	신마포갈매기	5,531,547,756	109.18%	2,644,406,000
29	엔티스	경복궁	3,495,529,796	6.93%	3,268,846,170
30	전한	강강술래	6,253,723,716	156.51%	2,438,038,325

	법인명	대표브랜드	당기순이익		
			2016년	증감률	2015년
1	파리크라상	파리바게뜨	55,101,759,875	6.56%	51,707,226,710
2	CJ푸드빌	빕스	5,213,030,763	흑자전환	-7,399,515,626
3	스타벅스코리아	스타벅스	65,250,646,249	130.68%	28,286,458,919
4	롯데GRS	롯데리아	-11,328,471,862	적자지속	-57,188,774,814
5	이랜드파크	애슐리	-80,415,701,255	적자전환	3,259,340,450
6	농협목우촌	또래오래	176,061,903	-96.06%	4,474,241,678
7	비알코리아	던킨도너츠	35,748,612,156	-17.04%	43,090,305,701
8	교촌에프앤비	교촌치킨	10,333,269,262	48.13%	6,975,624,101
9	비케이알	버거킹	8,041,478,568	-6.98%	8,644,484,103
10	제너시스BBQ	BBQ	5,622,355,657	-25.79%	7,575,978,570
11	청오디피케이	도미노피자	20,886,060,816	15.86%	18,027,199,494
12	해마로푸드서비스	맘스터치	9,295,865,326	52.53%	6,094,487,395
13	에스알에스코리아	KFC	-18,989,243,531	적자전환	1,239,410,933
14	더본코리아	새마을식당	19,246,938,573	176.53%	6,960,110,664
15	본아이에프	본죽	6,541,937,183	666.68%	853,282,435
16	이디야	이디야커피	11,157,627,325	-14.73%	13,085,209,896
17	지앤푸드	굽네치킨	9,051,485,230	98.68%	4,555,730,841
18	커피빈코리아	커피빈	4,274,213,864	68.04%	2,543,614,329
19	할리스에프앤비	할리스커피	9,112,688,828	97.97%	4,603,109,833
20	놀부	놀부부대찌개	34,729,365	흑자전환	-1,185,695,358
21	엠피그룹	미스터피자	-13,169,290,522	적자지속	-5,685,686,269
22	한솔	한솔도시락	5,937,412,411	-6.94%	6,379,860,772
23	탐앤탐스	탐앤탐스	-2,700,843,324	적자전환	1,006,075,983
24	아모제푸드	카페아모제	-2,894,719,809	적자지속	-2,831,863,842
25	카페베네	카페베네	-24,199,662,544	적자지속	-33,998,615,819
26	토다이코리아	토다이	-302,769,030	적자전환	60,192,423
27	원앤원	원할머니보쌈	1,050,809,166	-46.68%	1,970,922,444
28	디딤	신마포갈매기	3,882,856,783	206.73%	1,265,883,943
29	엔티스	경복궁	870,450,996	62.51%	535,619,685
30	전한	강강술래	4,044,752,337	204.26%	1,329,361,651

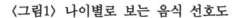

〈그림1〉 나이별로 보는 음식 선호도

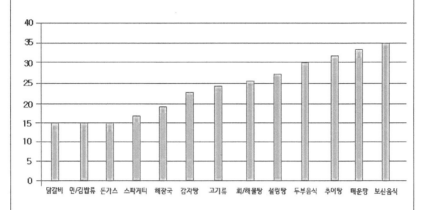

닭갈비 면/김밥류 돈가스 스파게티 해장국 감자탕 고기류 회/해물탕 설렁탕 두부음식 추어탕 매운탕 보신음식

〈표 37〉 외식장소 선택기준

연도	식당 선택기준
1985년	가격, 맛, 위생
1990년	맛, 청결, 가격
1995년	맛(87.1%), 서비스(4.6%), 분위기(4.4%)
2000년	맛(77%), 서비스(37.4%), 분위기(32.7%)
2005년	맛(72.3%), 가격(15.5%), 양(4.4%)
2010년	맛(71.2%), 분위기(10.2%), 교통(8.4%)
2015년	맛(82.6%), 분위기(25.2%), 교통(21.3%)
2017년	맛(77.3%), 분위기(7.1%), 가까운 위치와 교통(6.8%)

〈표 38〉 상권별 특징

구분	특징
오피스	- 말, 저녁 공백. - 직장인 상권의 경우 짧은 이동을 선호하는 경향이 강하여 어디에 입지하는가가 중요함. - 따라서 오피스 이면 유동인구가 많은 곳이 상대적으로 유리. - 직장인을 목표시장으로 하는 만큼 규모를 크게 하고 현대화된 환경으로 창업하는 것이 유리.
역세권	- 영업시간이 상대적으로 길고 자영업자의 피로도가 큼. - 24시간 성황, 주말 유입인구가 크고 업종이 다양하며 유흥성향이 상대적으로 강한 상권 곱창전문점은 B급지에 입지하는 것이 적당,
대학가	- 찾아다니며 소비하는 성향이 강해 상권이 넓게 형성. 따라서 입지 선택의 여건이 상대적으로 양호.
주택가	- 평일 공백 - 가족단위 소비자를 유입할 수 있는 환경을 구축하는 것이 필요
전문 쇼핑가	- 업종별 군집형태로 상권 발달 - 쇼핑가 자영업자를 목표시장으로 전문상가 인근에 입지

〈표 39〉 보쌈전문점 최적의 상권입지

적합상권 유형	장·단점	
제1후보지 주택가 진입로변상권	장 점	보쌈전문점 주 수요층의 접근성이 좋은 대단위 주택가 진입로 변 1층 매장이 가장 적합하다.
	단 점	주택가 상권의 경우 직장인 수가 적다. 점심 매출이 기대만큼 나오지 않을 수 있다.
제2후보지 아파트 주거지역	장 점	거주밀집지역의 틈새상권도 좋다. 배달을 전문으로 하는 소규모 업체라면 적극 추천한다.
	단 점	틈새 입지개발이 쉬운 일이 아닌 만큼 단골을 만들기 위한 노력이 필요하다.
제3후보지 역세권, 오피스밀집 상권	장 점	직장인 유동인구가 많은 역세권이나 오피스밀집상권, 먹자상권은 어떤 아이템이 들어가도 반은 먹고 들어갈 수 있다.
	단 점	보증금, 월세, 권리금이 높아 매출은 높으나 수익성이 떨어질 수 있다.

〈표 40〉 장어전문점의 최적 상권입지

제1후보지 사무실 밀집지역 및 도심 오피스상권 먹자골목		제2후보지 도심외곽 관광지 및 강변상권		제3후보지 주택가로 이어지는 대로변	
장점	단점	장점	단점	장점	단점
주택가 상권보다는 관공서 주변상권과 회식 수요가 있는 사무실 밀집지역이 적합하다. 30~50대 남성들의 분포가 많은 지역이라 장어의 수요가 많다.	직장인들을 대상으로 하는 저렴한 가격의 점심 메뉴를 개발해야 한다. 주5일 근무로 주말매출이 저조할 수 있다.	장어 전문점은 보양식품이라는 인식이 크기 때문에 도심 한가운데보다 외곽지역에서 장어를 찾는 사람들이 많다. 임진강 일대, 고창 선운사 일대, 남양주 운길산역 일대가 장어타운이 형성된 이유다.	주말고객층과 평일고객층의 편차가 크다는 점이다. 수도권 상권의 경우 평일 접근성이 높은 지역 선정이 중요하다.	장어전문점 특성상 주택가 진입로 대로변 매장이 관건이다. 눈에 띄는 입지가 목적 구매고객을 공략할 수 있다.	평일 낮 매출을 담보하기 어렵다. 주부들의 계모임이나 동네의 크고 작은 행사를 유치하는 등 매출증대를 위한 전략을 세울 필요가 있다.

〈표 41〉 갈비 전문점의 최적의 상권입지

적합상권 유형	장·단점	
제1후보지 (대단위 아파트 상권 내 외식상권)	장점	갈비 전문점의 주 수요층이라고 할 수 있는 주부·가족단위고객을 공략하는 데는 1만 세대 이상이 거주하는 아파트상권이 적합하다
	단점	아파트상권의 경우 분양가 거품으로 인해 점포임대가가 높기 때문에 자칫 투자 수익률이 떨어질 수 있는 위험성이 있다.
제2후보지 (주택가상권 대로변 입지)	장점	갈비 전문점은 대형화 전문화 바람을 타고 있는 아이템이다. 가시성과 접근성이 좋은 주택가 상권 진입로 대로변을 추천한다. 대형매장을 공략한다면 지역의 랜드마크 역할을 하면서 안정 수익을 확보할 수 있다.
	단점	대형 매장의 경우 점포구입비와 점포 시설투자비가 높다. 초기투자 비용이 상당하므로 쉽사리 진행하기 어렵다.
제3후보지 (역세상권 내 먹자골목)	장점	지속적인 안정 수요층을 확보하는 데는 역세상권의 먹자골목도 나쁘지 않다.
	단점	먹자골독 내의 경쟁점포가 많기 때문에 자칫 먹자골목 경쟁우위를 점유하지 못한다면 상권 내 경쟁구도에서 밀려날 수 있는 위험성이 높다.

〈표 42〉 닭갈비 전문점, 대학가·먹자골목 최적의 상권 입지

적합상권 유형		장·단점
제1후보지 (지하철역 인근 먹자골목)	장점	지하철역 인근 먹자골목이나 중심상가 이면도로는 닭갈비 전문점의 최적 입지다. 내부가 들여다보이는 1층 매장이면 더욱 좋다. 우선 유동인구가 많고, 저녁모임이 많이 이루어지는 곳이라 소모임이나 회식수요가 많다.
	단점	주 영업시간이 밤이기 때문에 늦은 시간까지 영업을 해야 한다. 체력이 뒷받침되지 않으면 운영에 차질을 빚을 수 있다.
제2후보지 (대학가 주변)	장점	닭갈비에 대한 선호도가 가장 높은 계층이 모이는 지역이다. 맛과 서비스에 관리를 잘하면 단골손님 확보가 용이하다.
	단점	점포 구입단계에서 투자비용이 높다. 물건을 구하기도 쉽지 않다. 어설프게 접근하면 손해만 볼 확률이 높다.
제3후보지) (사무실주변 유동인구 많은 곳)	장점	직장인들의 모임 장소로 콘셉트를 잡는 게 중요하다. 점심메뉴를 개발해 점심영업을 기대 할 수 있다.
	단점	주말 매출을 기대하기 어렵다. 저녁 매출이 중요한 업종이지만, 퇴근시간대 매출이 생각만큼 나오지 않을 가능성도 있다.

관통도로와 교통량에 따른 매출

관통도로란 시 경계선에서 시내와 시외를 연결하는 주요 도로를 말한다. 적은 자본으로 음식 장사로 한몫 잡고 싶다면 이들 관통도로의 교통량을 분석하는 것이 좋다. 국내에는 도시 크기가 매우 크고 근처에 거대 위성 도시를 끼고 있어도 관통도로에 하루 20만대가 넘는 교통량을 보이는 지역이 없다. 그럼 관통 도로의 교통량이 대강 어느 정도이면 음식점의 장사가 잘되는 것일까?

교통량이 많이 발생하는 관통 도로에는 도로를 따라 여러 개의 핵심 상권이 자생하고 있다. 음식점을 이 핵심 상권에 입점시키는 것도 좋은 방법이지만 건물 임대료가 비싸다. 이럴 경우에는 교통량을 믿고 대로변에 음식점을 입점시키는 것도 생각해볼 만하다. 남태령 고개를 예로 들어보면, 남태령 고개는 경기도 과천과 서울 사당동을 연결하는 고개 이름이다. 이 고개를 따라 서울 방향으로 발전한 상권이 사당동 역세권이다. 그 밑으로는 방배동 상권이 있다. 예전에는 시계를 연결하는 단순한 도로에 불과했으나 서울 외곽에서 서울 시내로 출퇴근하는 사람들이 많아지면서 사당동은 대형 상권으로 발전하였다.

관통 도로와 같은 대로변에 음식점을 입점시킬 때는 하루 평균 5만 대 정도의 교통량이 발생하는 도로로 생각해볼 만하다. 5만 대 수준이면 대강 맛이 있거나 분위기가 있는 요식업소라면 매출이 일정 이상으로 발생한다.

그렇다면 교통량 계산은 어떻게 하나? 어떤 한 지점의 교통량은 일반적으로 출근이 시작되는 아침 7시를 전후로 해서 늘어나기 시작한 뒤 8시부터 9시 사이가 그날의 최고 피크 타임이 된다. 그런 뒤 교통량이 일정 수준으로 계속 유지되다가 오후 퇴근 시간이 되자 교통량이 다소 늘어났다가 새벽 1시면 현저하게 줄어든다는 공통점이 있다.

즉 아침 9시대에 피크를 이루고 점심을 전후로 약간씩 줄어들었다가 저녁 퇴근 시간대에 다시 피크를 이룬 뒤 새벽 1시까지 천천히 감소하다가 새벽 1시를 넘으면 현저하게 줄어든다. 이로 인해 아침 피크 시간대의 교통량과 교통량이 제일 적은 새벽 4시경의 교통량은 3배에서 5배 정도의 차이가 발생한다.

교통량 조사 방식

관통 도로에서의 교통량은 오전(07~09시), 점심(11~14시), 퇴근 시간(17~19시) 사이에 측정한다. 새벽 1시부터 아침 7시까지의 교통량은 피크 타임의 3분의 1로 계산한 후 평균을 잡으면 하루 교통량의 윤곽이 대강 잡힌다.

일반적으로 주거 지역에서는 21시~23시 사이에 교통량이 점차 줄어들지만, 심야 영업이 활발한 지역은 21시~23시경에 다소 교통량이 늘어나는 특징을 가지고 있다. 따라서 술집을 창업하려면 그 지역(먹자골목 등)의 밤 21시부터 23시까지의 교통량을 측정하는 것이 좋다. 만일 21시를 기준으로 시간당 교통량의 유입 유출 합계가 3천대 이상이라면 그 지역은 심야 상권이 활발한 지역이라고 볼 수 있다.(밤 9시부터 10시까지 3천대 이상의 유동량을 보이는 도로라면 그 도로는 교통 정체가 상당히 심한 도로라고 말할 수 있다.)

〈표 43〉 서울의 관통 도로 교통량

도로 명	교통량(대)
양재대로	약 13만
시흥대로	약 12만
하일동	약 10만
남태령	약 9만
통일로	약 9만
도봉로	약 7만 9천
망우리	약 7만 7천
복정 검문소	약 6만
서하남	약 6만
서오릉	약 4만

창업할 수 있는 외식업 종목

한정식 전문점/ 산채요리 전문점/나물요리 전문점/ 약선요리 전문점/ 궁중요리 전문점/ 사찰음식 전문점/ 한식당/ 한식배달 전문점/ 생선구이백반 전문점/ 연탄구이백반 전문점/ 우렁된장 전문점/ 대통밥 전문점/ 중화요리 전문점/ 중화요리 뷔페/ 테이크아웃 중화요리 전문점/ 중화요리 패밀리 레스토랑/ 기사식당/ 5,000원 기사식당/ 돼지김치찌개 전문 기사식당/ 해물탕 전문 기사식당/ 연탄구이 기사식당/ 일식집/ 활어횟집/ 장어 전문점/ 초밥 전문점/ 퓨전초밥 전문점/ 회전초밥 전문점/ 일본음식 전문점/ 보쌈 전문점/ 부대찌개 전문점/ 수제 부대찌개 전문점/ 빈대떡 전문점/ 족발 전문점/ 닭갈비 전문점/ 찜닭 전문점/ 바비큐 치킨 전문점/ 통닭 전문점/ 닭볶음탕 전문점/ 삼계탕 전문점/ 죽 전문점/ 덮밥 전문점/ 비빔밥 전문점/ 돌솥밥 전문점/ 가마솥밥 전문점/ 철판볶음밥 전문점

참치회 전문점/ 꽃게탕 전문점/ 해물탕 전문점/ 민물새우 전문점/ 낙지요리 전문점/ 랍스타 전문점/ 조개구이 전문점/ 꼬치구이 전문점/ 밴댕이요리 전문점/ 올갱이국 전문점/ 돼지갈비 전문점/ 삼겹살 전문점/ 생고기 전문점/ 연탄불고기 전문점/ 화로 숯불고기 전문점/ 한우 전문점/ 떡볶이 전문점/분식 전문점/ 만두 전문점/ 즉석김밥 전문점/ 카레요리 전문점/ 수제어묵 전문점/ 수제 햄버거 전문점/ 수제핫도그 전문점/ 호두과자 전문점/ 왕만두 전문점/ 멸치국수 전문점/ 잔치국수 전문점/ 회국수 전문점/ 막국수 전문점/ 우동 전문점/ 라면 전문점/ 칼국수 전문점/ 손칼국수 전문점/ 콩칼국수 전문점/ 바지락 칼국수 전문점/ 수제비 전문점/ 닭수제비 전문점/ 퓨전음식 전문점/ 일식돈가스 전문점/ 바비큐 전문점/ 샤브샤브 전문점/ 버섯요리 전문점/ 두부요리 전문점/ 두루치기 전문점/ 보리밥 전문점/ 쌈밥 전문점/ 떡갈비 한정식 전문점

추어탕 전문점/ 매운탕 전문점/ 동태탕 전문점/ 감자탕 전문점/ 영양탕 전문점/ 오리요리 전문점/ 설렁탕 전문점/ 해장국 전문점/ 뼈다귀 해장국 전문점/ 콩나물 해장국 전문점/ 소해장국 전문점/ 카페/ 락카페/ 북카페/ 룸카페/ 커피숍/ 룸커피숍/ 테이크아웃 커피 전문점/ 보드게임 카페/ 막걸리 전문점/ 연탄불 생선구이 주점/ 일본식 주점/ 퓨전 주점/ 연탄불 안주 주점/ 철판요리 주점/ 포차 주점/ 맥주 전문점/ 세계맥주 전문점/ 호프 전문점/ 소주방/ 단란주점/ 룸살롱/ 노래방/ 비즈니스 바/ 웨스턴 바/ 칵테일 바/ 마술쇼 바/ 모던 바/ 클럽/ 제과점/ 떡 전문점/ 피자 전문점/ 파스타 전문점/ 스파게티 전문점/ 이태리요리 전문점/ 프랑스요리 전문점/ 터키요리 전문점/ 베트남쌀국수 전문점/ 양꼬치 전문점/ 말고기 전문점/ 북한음식 전문점/ 외국음식 전문점/ 패스트푸드/ 패밀리 레스토랑/ 샐러드 레스토랑/ 해물 뷔페/ 고기 뷔페/ 가든형 음식점/ 반찬집/ 1만원 고기안주 주점/ 1만원 해산물안주 주점/ 무한리필 안주 주점/ 무한리필 음식 전문점/ 무한 토핑 주점

〈표 44〉 추정소요자금 계획

과목	금액		비고
1. 매출액		0	서비스매출 + 상품매출
1) 서비스	0		(서비스매출)
2) 상품매출	0		(상품 또는 음식 판매 매출)
2. 매출원가		0	상품의 원가
3. 매출이익		0	매출액 - 매출원가
4. 판매관리비		0	
1) 급료	0		직원급여, 사업자급여
2) 복리후생비	0		직원복리후생, 4대보험, 식대 등
3) 임차료	0		임차료
4) 수도광열비	0		전기세, 수도세, 가스 등
5) 통신료	0		전화, 인터넷, 휴대폰
6) 수수료	0		세무대행료, 신용카드 수수료, 정수기, POS 등
7) 소모품비	0		1회용품, 청소용품, 주방용품
8) 감가상각비	0		취득원가-잔존가치/내용연수
9) 광고비	0		전단지, 홍보비 등
10) 기타경비		0	
5. 영업이익		0	매출이익 - 판매관리비
6. 영업외 비용	0		
1) 지급이자		0	대출금은행이자
7. 영업외 수익		0	이자수익 등
8. 경상이익		0	영업이익 - 영업외비용 + 영업외수익
9. 세전순이익		0	경상이익 - 특별손실 + 특별이익
10. 세금		0	1년 부가가치세, 소득세/12개월
11. 순손익		0	세전순이익 - 순이익

매출액 추정과 투자 수익률 분석
매출액 추정 방법 1개월 동안의 수익 X 12개월 = 적정 권리금
월 매출액 통행인구수 X 내점률 X 1인구매단가(객단가) X 월간 영업일수

〈표 45〉 투자수익률 및 투자회수기간 판단 기준

사업성 판단기준	투자수익률	투자비회수기간
매우 우수	4.3% 이상	2년 이내 회수
우수	3~4.2%	2~3년 회수
보통	2.2~3%	3~4년 회수
불량	2.1% 미만	4년 이상 회수

		〈표 46〉 입지 후보지 선정
1	업종(목적)분석	아이템의 소비시간, 소비수준, 소비층, 소비행동, 경쟁점, 보완점을 분석한다.
2	유사업종군집화	소비패턴과 소비특성 등이 유사한 업종을 군집화한다.
3	1차 지역선정	군집화된 업종의 환경 조사
4	적합도 분석	상권과 업종의 적합도와 경쟁점과 보완점을 조사한다.
5	2차 후보지선정	적합도가 높으며, 임대조건 등이 좋은 지역 선정
6	변화요인 분석	도시계획, 공급률 등을 조사하여 미래변화요인을 조사한다.
7	타당성 분석	추정손익, 투자대비, 수익률 등 사업타당성을 분석한다.
8	최종	최종 결정

〈표 47〉 환경 분석(3C 분석)

3c	분석 내용	전략 방향
Customer	- 상권 반경 1km 내 - 배후세대를 주택가로 두고 있는 2종 근린생활 상권 - 30~40대 매니아층, 가족 수요 상존 - 31,500세대, 88,700명(주택 80%)	양질의 제품 확보 정당한 가격 정책
Company	- 기능적 능력의 확보 - 공급자 확보 - 20년 이상 거주로 잠재 수요 확보	제품의 질 유지
Competitor	- 경쟁점포 7개소(곱창 6, 양구이 1) - A급 경쟁점포 1개 - 경쟁점 대비 차별화 요소 약함 - 기존 점포의 고객 충성도 높음	양심의 제품 공급과 마케팅으로 새로운 맛집으로 부상

〈표 48〉 사업 방향의 설정

구분	사업 방향 설정
목표고객	- 상권 내 30~40대 - 배후세대 가족 고객
핵심경쟁력	- 기술적 능력 - 양질의 제품에 대한 지속적인 제공능력
실행방안	- 독산동 내장 도매상과의 협업 - 블로그 운영 - 스토리텔링에 의한 고객충성도 고취
업종현황 및 전망	- 공급이 한정적이고 손질에 어려움이 있는 반면, 매니아층을 중심으로 수요가 꾸준하여 향후 전망 또한 안정적임.

〈표 49〉 시설계획

인테리어 컨셉	-젠 스타일 추구로 유행을 타지 않으면서 안정감 추구 -가족 고객을 위한 편안한 테이블 셋팅 -배연 시설에 중점			
시설 계획	-동선을 고려한 설계 -주방면적, 홀 면적, 테이블 수, 마감재 기재 철거, 목공, 전기, 조명, 마감 계획의 구체화 -간판 디자인			
시설 자금	품명	수량(m²)	3.3m² 당 단가	금액
	인테리어(홀)	66	800,000	16,000,000
	인테리어(주방)	19	400,000	2,000,000
	잡기 비품 등			5,000,000
	간판 외			2,000,000
	합계			25,000,000

⟨표 50⟩ 구매계획

구매전략	-독산동 내장 소매상 2곳 이상 확보 -세금계산서 수취가 가능한 식자재 업체 확보 -결제조건, 반품 조건 등을 명확히 함. -집기 비품 구매 목록표 작성					
	구입품명	**구입처**	**거래조건**	**연락처**	**금액**	**비고**
식자재	곱창, 양깃머리 외					
	식자재					
	주류					
집기/비품	주방 용품					
	홀 용품					

⟨표 51⟩ 판매계획

	메뉴명	수량(g)	단가	금액(일)	비고
판매계획	곱창	200	15,454	772,700	부가세 별도
	양깃머리	200	20,000	200,000	
	곱창모둠	200	13,636	272,720	
	염통	200	9,090	45,450	
	간, 천엽		4,545	22,725	
	주류		2,727	149,985	
	합계			1,463,580	

⟨표 52⟩ 원가계획

매출원가	원부자재	소요량(일)	구입단가	금액	비고
	곱창	1보			
	양깃머리	2kg			
	막창	1보			

⟨표 53⟩ 인력 및 인건비 계획

직책	인원	급여	총액	비고
실장(주방/홀)	2	1,600,000	3,200,000	
직원(홀)	2	1,400,000	2,800,000	
보조(주방)	1	800,000	800,000	
합계	5	3,800,000	6,800,000	

〈표 54〉 소요자금 및 조달계획

구분		내역	금액	산출근거
소요자금	시설자금	임차보증금	40,000,000	임대차계약서
		권리금	20,000,000	권리양도계약서
		인테리어비	20,000,000	견적서
		집기 비품	5,000,000	견적서
		소계	85,000,000	
	운영자금	운영자금	25,000,000	매출계획의 약 65%
		소계	25,000,000	
	합계		110,000,000	
조달계획	자기자금	현금/예금	70,000,000	통장
		소계	70,000,000	
	타인자금	은행대출	10,000,000	
		정책자금	30,000,000	창업자금
		소계	40,000,000	
	합계		110,000,000	

〈표 55〉 손익계획

과목	금액		산출근거
1.매출액		39,516,000	매출계획(27일영업일)
2.매출원가		15,806,000	(40%)
3.매출이익		23,710,000	
4.일반관리비		13,875,000	(가~자 합계액)
가.급료	6,800,000		인력계획 참조
나.임차료	5,060,000		
다.관리비	600,000		
라.수도광열비	400,000		
마.통신비	50,000		
바.복리후생비	250,000		
사.광고선전비	100,000		
아.잡비	200,000		
자.잠가상각비	415,000		
5.영업이익		9,835,000	
6.영업외비용		100,000	
가.지급이자	100,000		약 25%
7.영업외수익			
8.경상이익		9,735,000	

<h3 align="center">〈표 56〉 곱창이야기 수익성</h3>

구분	15평(49.5m)	30평(99.1m)
테이블수	일일 2회 기준 테이블수X테이블단가40,000 ▶360,000X2회 ▶720,000	일일 2회 기준 테이블수18X테이블단가40,000 ▶720,000X2회 ▶1,440,000
예상매출	일일 2회 기준 테이블수X테이블단가40,000 ▶360,000X2회 ▶720,000	일일 2회 기준 테이블수18X테이블단가40,000 ▶720,000X2회 ▶1,440,000
예상월매출	영업일30X일매출→ 21,600,000	영업일수30X일매출→43,200,000

<h3 align="center">〈표 57〉 곱창이야기 창업비용</h3>

구분	15평	30평	내용
월매출	21,600,000	43,200,000	
매출원가	8,610,000	17,280,000	원재료+식자재+주류+야채류
건물임대료	2,600,000	4,000,000	임대료/관리비
인건비	4,000,000	7,000,000	15평 주방1 홀2 4,000,000 30평 주방1 홀4 7,000,000
전기,가스 공과금	1,000,000	2,000,000	전기,수도,가스,공과금 등
잡비	500,000	1,000,000	기타 소모품 및 식대
소계	16,140,000	31,280,000	
영업이익	5,460,000	11,920,000	원매출-지출경비(소계)

〈표 58〉 한식당 창업비용의 예

구분	내용	20평	30평	40평	50평	60평	70평
가맹비	브랜드 사용권, 지역독점부여권, 조리교육, OPEN지원 3일	500	500	500	500	500	500
교육비	경영, 조리, 매뉴얼제공, 본사 노하우제공, 조리교육 3일	200	200	200	200	200	200
인테리어	목공사, 전기공사, 설비공사, 도장공사, 유리, 도배, 주방, 바닥 시공, 조명, 덕트 등 일체포함	3,000	4,500	6,000	7,500	9,000	10,500
주방기기	냉장고 및 냉동고, 간택기, 육수냉장고, 싱크대,찬 냉장고, 작업대, 밥솥, 컵소독기, 스텐선반, 홀싱크대, 상부선반, 초벌대	37	37	37	37	37	37
주방 및 홀 집기	그릇 및 주방집기, 기물, 홀 집기, 앞치마, 전자레인지, 믹서기, 보온고 등	30	30	30	30	30	30
판촉 및 홍보	명함, 빌지패드, 라이터, 메뉴판, 전단지, OPEN현수막, 유니폼(홀, 주방), 오픈행사도우미 2명 외 등	250	250	250	250	250	250
본사지원품목	주류냉장고, 냉동고, 냉각기 및 주류비품 일체, 가스설비시공 (단, 도시가스 제외)						
창업자금지원	무이자, 무담보, 1,000만원부터 최고 5,000만원 까지 가능 (지역 상권, 평수에 따라 차이가 날 수 있음)						
합계		4,017	5,517	7,067	8,567	10,067	11,567

사업자등록증 발급을 위한 행정 절차	
권리금 산정방식	① 신규 위생교육 ② 보건증 발급 ③ 영업신고증 신청 ④ 사업자등록증 신청 ⑤ 보험 가입

〈표 59〉 일반음식점과 휴게음식점 비교

일반음식점	휴게음식점
음식물의 조리 및 판매와 더불어 음주행위가 허용되는 호프집, 한식, 경양식 등	음식물의 조리 및 판매는 가능하나 음주행위가 허용되지 않는 커피숍, 빵집 등

〈표 60〉 일반과세와 간이과세 비교

구분	일반과세사업자	간이과세사업자
매출액	연간매출액 4,800만원 이상	연간매출액 4,800만원 미만
납부세율	공급가액의 10% 부가가치세로 납부	업종별 부가세율을 고려한 세율부과(공급가액의 1.5~4%)
세액공제	매입세액 전액	매입세액의 15~40%
세금계산서	세금계산서 발행과 매입의 의무	세금계산서 발행 불가
예정고지 여부	예정신고기간에 대해 예정신고 또는 예정고지에 의한 징수 원칙	예정신고 및 예정고지 없음
비고		과세기간 매출액이 1,200만원 미만인 경우 부가가치세 면제

〈표 61〉 주요 소셜커머스 사이트 및 연락처

소셜커머스 업체	도메인	연락처
쿠팡	www.coupang.com	1577-7011
티켓몬스터	www.ticketmonster.co.kr	1544-6240
위메이크 프라이스	www.wemakeprice.com	1588-4763
그루폰코리아	www.groupon.kr	1661-0600
지금샵	www.g-old.co.kr	070-4077-4770
슈팡	www.soopang.co.kr	1600-2375
소셜비	www.sociabee.co.kr	1588-5908
달인쿠폰	www.dalincoupon.com	1666-9845

〈표 62〉 온라인마케팅의 하나인 소셜미디어 활용

		블로그	SNS	위키	UCC	마이크로 블로그
사용목적		정보공유	관계형성, 엔터테이먼트	정보공유, 협업에 의한 지식 창조	엔터테이먼트	관계형성, 정보공유
주체:대상		1:N	1:1 1:N	N:N	1:N	1:1 1:N
사용 환경	채널 다양성	인터넷 의존적	인터넷환경, 이동통신환경	인터넷 의존적	인터넷 의존적	인터넷환경, 이동통신환경
	즉시성	사후기록, 인터넷 연결시에만 정보 공유	사후기록, 현재시점 기록, 인터넷/이동 통신 연결 시 정보공유	사후기록, 인터넷 연결시 창작/공유	사후제작, 인터넷 연결시 콘텐츠 공유	실시간 기록, 인터넷/이동 통신 연결 시 정보공유

〈표 63〉 연간 판매촉진 전략

월별	행사	이벤트 기준 및 판촉활동
1	시무식, 신년회, 설날, 대입합격축하회	POP부착, 새해선물(식사권, 할인권 등)을 연하장에 넣어 DM발송, 내점고객 선물 증정(복주머니, 복조리 등)
2	입춘, 봄방학, 졸업식, 환송회	졸업축하 이벤트, 발렌타인데이 특별 디너세트 판매(꽃, 샴페인증정, 초콜릿), 봄맞이 환경처리 실시, 현수막 부착, DM발송(리스트 입수), 정월대보름 오곡밥 축제
3	입학식, 환영회, 대학개강 파티	입학식, 환영회(행사유치를 위한 사전 홍보활동 및 선물제공), 화이트데이 이벤트 실시, 봄 샐러드 축제와 꽃씨제공
4	봄나들이, 한식, 식목일	신 메뉴 개발, DM, 각종 차량에 안내장 부착
5	어린이 날, 어버이 날, 스승의 날, 성년의 날	어린이날 특선메뉴 및 기념품 제공, 가정의 달 효도대잔치(카네이션, 기념사진 등), 독거 소년·소녀와 노인 초청 행사, 서비스 콘테스트 실시, 광고 등
6	각종 체육회, 현충일	국가 유공자 가족 초대회(할인행사)

월별	행사	이벤트 기준 및 판촉활동
7	여름보너스, 휴가, 초중고 방학	DM, 여름철 특선 메뉴 실시(빙수, 생과일 쥬스, 호프, 야외 바베큐파티 등), 삼복더위 축제
8	여름휴가, 초중고 개학	한여름 더위를 식힐 화채 개발 시식 및 각종 우대권 제공
9	대학개학, 초가을레저, 추석	도시락 개발, 행락철에 T/O
10	운동회, 대학축제, 결혼러시, 단풍놀이 행락객	가을미각축제, 과일축제, 송이축제, 전어축제, DM발송
11	학생의 날, 취직, 승진축하	찜요리 축제, 입시생을 위한 특선메뉴(건강식), 송년회 및 회식안내(DM)
12	송년회, 겨울방학, 겨울레저, 첫눈	크리스마스카드 및 연하장 발송(할인권), 점내 POP부착
기타	단골고객의 날 이벤트 개최, 생일 축하, 월 시식일 등	고객관리, 선물 또는 무료 식사권 제공

일일 매출 규모별 적정 관리 내역

(1) 하루 매상 40만원-창업 실패한 업소

한 달 총매출 : 40만원 x 30일 = 1,200만원

재료비(30%~35% 안팎) : 450만원 안팎

임대료&공과금&인건비(35%~40% 안팎) : 500만원 안팎

순이익률(22%~30%) : 250만원 ~ 350만원(사장이 주방이나 매장일을 하는 상태)

(2) 하루 매상 60만원-평균 성적을 거둔 업소

한 달 총매출 : 60만원 x 30일 = 1,800만원

재료비(30%~35% 안팎) : 600만원 안팎

임대료&공과금&인건비(35%~40% 안팎) : 700만원 안팎

순이익률(23%~32%) : 400만원 안팎(사장이 주방이나 매장일을 절반 정도 하는 상태)

(3) 하루 매상 150만원-대박 아닌 중박을 이룬 업소

한 달 총매출 : 150만원 x 30일 = 4,500만원

재료비(30%~35% 안팎) : 1,600만원 안팎

임대료 & 공과금 & 인건비(35%~40% 안팎) : 1,700만원 안팎

순이익률(25%~33%) : 1,200만원 안팎

(4) 하루 매상 30만원~40만원 일 경우-폐업 갈림길의 음식점

말 그대로 입에 풀칠하고 있는 상황에서 사업을 접지도 못하는 상황인 음식점을 말한다. 수입이 적기 때문에 사장이 직접 주방일을 할 수밖에 없다. 인건비 지출을 줄여야 하므로 종업원은 1~2인만 고용할 수 있는 상태다. 종업원 1인 고용 시 매장을 전부 담당하지 못하므로 사장 부인이 주방일도 거들고 매장일도 거드는 상황이 된다. 이렇게 되면 부부가 힘들어 지게 되고, 부인의 바가지 지수는 높아지며 이때쯤 되면 음식점 장사에 대해 체념하게 된다.

이런 점포는 십중팔구 1년 안에 문을 닫게 되거나, 코가 꿰인 상태로 어쩌지도 못하고 사업을 하는 상태가 지속된다.

하루 평균 매상 30만원 이하이면 이건 동네에서 관심조차 받지 못하는 음식점이란 뜻이고, 맛없는 집이거나 망해가는 음식점이라는 뜻이다. 다시 말해 동네 손님은 없고, 아주 소수의 단골손님과 우연히 걸려든 뜨내기손님을 받는 업소이다.

5천만원 이하 소자본 창업을 하면서 준비를 제대로 하지 않으면 이런 일이 쉽게 발생한다. 가장 큰 이유는 업종 선택이 잘못되어서이거나, 맛이 없어서이다. 이런 경우 1일 매상 폭의 변동이 매우 심한데 이것은 고객들에게 안 가도 되는 음식점으로 각인됐다는 뜻이다. 창업 15일이 지나도 하루 평균 매상이 30만 원 이하이면 바로 업종 변경을 해야 한다. 만일 밥집이었다면 술을 취급할 수 있는 업종으로 변경을 시도하면 매상을 더 올릴 수 있다.

(5) 하루 매상 60만원 일 경우-생활 유지형 음식점

하루 매상 60만원이라면 월수입이 400~500만원 정도이므로 집에 생활비를 가져갈 수 있고 음식점 경영 목적으로 자동차를 자유롭게 운용할 수 있는 상태이다. 자동차는 더 싼 식재료를 사러 다니는 용도로 사용한다. 우리 주변에서 볼 수 있는 평범한 음식점들보다는 좋은 실적이므로 일단 '맛' 은 어느 정도 인정받은 집이라고 할 수 있다.

일을 할 때 가끔 자기 일이 행복하다는 생각이 들기도 하고 불행하다는 생각이 들기도 한다. 부부는 일심동체로 사업을 키우기 위해 더 열심히 노력하는 상태가 된다. 건물 임대료에 따라 다르겠지만 종업원은 1~2명 정도 고용할 수 있고 부부 중 한 사람이 주방을 맡아 인건비 부담을 줄일 수 있다.

그런데 이 경우가 가장 위험하다. 당장 먹고사는 방법이 마련되어 있으므로 가끔 행복지수가 올라가기는 하는데, 유명 맛집이 아닌 한 음식점의 매상은 세월이 흐를수록 떨어지기 마련이다. 예를 들어 옆집에 더 근사한 음식점이 들어오면 바로 타격이 온다는 뜻이다. 하지만 기존 단골이 있으므로 바로 매상이 떨어지지는 않고 2~5년 세월이 흘러가면서 아주 서서히 매상이 떨어진다. 어느 날은 매상이 90만원인데 어느 날은 매상이 20만원이 되기도 한다.

(6) 하루 매상 100만원일 경우-돈을 모을 수 있는 음식점

월 900만원 안팎의 수익이 발생하므로 몸은 고생해도 행복지수는 날로 높아진다. 월 순이익 1천만원 수준을 넘기면 이젠 자신의 음식점이 성공하였다고 자부하고, 자기는 가만히 있는데도 돈이 굴러들어온다고 착각한다. 이 상태이면 주방장과 종업원을 여러 명 고용한 뒤 부부는 놀러 다닐 수도 있는 상태가 되지만 돈 버는데 재미가 붙어 꼭 매장에 붙어 있으려고 한다. 이 경우 월수입을 전부 쓰지 말고 생활비를 제외한 나머지는 반드시 저축해야 한다. 저축한 금액은 몇 년 뒤 매장을 확장하거나 직영점을 내는 데 활용할 수 있다. 직영점 3개 정도 내면 더 바쁘게 살겠지만 최소한 돈 걱정은 안 하고 살 수 있을 것이다. 또한 천천히 프랜차이즈 사업을 시도할 수도 있다.

(7) 하루 매상 150만원일 경우-흔히 말하는 중박 음식점

하루 매상이 150만원인 점포는 흔히 말하는 중박 이상의 성공한 음식점들이다.

유명 햄버거 프랜차이즈 중에서 입지 조건이 나쁜 지방에 있는 점포인 경우 일매 110만원 정도를 찍는다. 대도시에서

지명도 낮은 지역에 있는 유명 햄버거 체인점들이 일매 130만원~180만원을 찍는다. 그리고 재래시장에서 볼 수 있는 시장 빵집 중 항상 손님이 바글바글대는 빵집이 일매 170만원을 찍는다.

30평 규모의 유명 한식 프랜차이즈 중에서 장사가 잘되는 점포가 일매 150만원 찍고, 장사가 잘되는 주점, 호프집, 고깃집, 일식집, 분식집이 일매 150만원을 찍는다.

(8) 하루 매상 200만 원-흔히 말하는 초대박 음식점

하루 매상 200만 원이면 객단가 7천 원 기준 1일 300인분을 판매하는 초대박 음식점이다. 월 1천 500만원~2천만원의 순수익이 발생한다. 물론 고기를 박리다매하는 주점이라면 이익률이 더 낮아질 것이다. 하루 200만 원 매출이 발생한다면 더할 나위 없이 좋은 시나리오이고 프랜차이즈 사업을 시도해도 성공할 확률이 높다. 또한 매출이 조금 떨어질 무렵이면 장사에 싫증날 수도 있는데 이때 권리금을 많이 받고 바로 팔아 버릴 수도 있다.

그런데 하루 매상 200만원 찍으려면 단골과 유동 인구가 중요하다. A급 상권에 입점한 유명 패스트푸드점, 외식업 체

인점이 일매 200만원 이상 찍는다. A급 상권에서 장사가 잘

되는 고깃집, 한정식, 횟집, 주점, 퓨전음식점, 유명 한식체인

점, 일식집, 분식집이 일매 200만원 이상 찍는다. A급 상권

에 있는 퓨전포차도 히트치면 일매 200만원 이상 찍는다.

(9) 하루 매상 300만원 이상-맛집이거나, 유동 인구가 많거나, 매장 크기가 큰 음식점

유동 인구가 많은 오피스 밀집 지역은 20평 크기의 분식점

도 장사를 잘하면 일매 300만 원 이상 찍기도 한다. 또한 지

방의 전통적인 맛집이거나, 점포 크기가 상대적으로 큰 경우

다. 객단가가 높은 음식점이거나, 부촌에서 장사가 잘되는 음

식점이 이에 속한다.

A급 상권이거나 강남 부촌 등에서 장사가 잘되는 고깃집,

주점 등이 일매 300만원 이상 찍고, A급 상권으로 비즈니스

밀집 지역에서 장사가 잘되는 20평 크기의 분식점이 일매 3

00만 원 이상 찍는다. 대형 아파트단지에서 맛으로 유명한

개인 빵집도 일매 300만원 이상 찍는다.

갈비 숯불구이집이 부촌에서 초히트치면 일매 1,000만원을 찍는다. 바닷가의 유명 횟집이라면 일매 400만원 이상 찍는다. 더 유명하고 드라이브족이 많이 찾는 횟집이라면 일매 700만원을 찍기도 한다. 도시 외곽에 새로 음식점을 세웠는데 맛집으로 유명세를 타면서 손님들이 몰려온다면 일매 300만원 이상 찍고 업종에 따라 일매 500만원 찍는 집과 일매 700만원을 찍기도 한다.

(10) 하루 매상 1천만 원-기업형 음식점

유동 인구가 많은 곳에 위치한 유명 패밀리 레스토랑 가맹점들은 보통 일매 1천만원 이상을 찍는다. 유명 프랜차이즈의 본점은 대부분 대형이다. 이들 중 장사를 잘하는 본점들이 보통 일매 400만원, 500만원을 찍고, 일매 1천만 원 이상 찍는 본점도 있다. 보통 고깃집, 쌈밥집, 보쌈집, 오리요릿집처럼 객단가가 높은 업체들의 본점이 가능하다.

〈표 64〉 한식 갈비집의 초기 창업비용

품목	내용	금액
가맹비	·상표사용권 부여 및 지역 독점영업권 보장	·400만원 ※전략지역 할인이벤트 확인
교육비	·가맹점 운영 교육 및 매뉴얼 제공, 노하우 전수	600만원
물품 보증금	·본사 공급 원부자재에 대한 예치금(가맹계약 해지 시 반환)	400만원 → 200만원 ※200만원 할인행사
점포개발비	·나이스비즈맵과 SK텔레콤 상권분석 시스템	100만원 → 0원 ※100만원 할인행사
인테리어	·설계 및 3D 디자인/바닥타일 공사 ·목공사(자재/인건비/유리·금속 공사 ·전기, 조명공사/도장, 필름공사/사인물 일체	4200만원 ※33m² 당 140만원
홀/주방기물	·2인/4인 테이블, 단체석 일체 등	1500만원
간판	·외부 전면 잔넬 텍스트 간판 (4M) ·돌출 간판 및 사이드 간판	450만원
기기설비	·로스터(착화식), 삼중불판 ·냉장/냉동고, 간데기 etc, 육류냉장고 등 ·샐러드바, 아이스크림케이스, 식혜, 커피머신	2250만원
홍보/오픈지원	·웹카메라 1대/음향기기SET/홍보물 및 조형물 일체	50만원

〈표 65〉 외식업 초기 창업비용(단위 : 만 원)

구분	99.17m²	132.23m²	165.28m²	198.34m²	세부내역	비고
가맹비	800	800	800	800	상호·상표사용(브랜드가치) 등	소멸
교육비	200	200	200	200	메뉴·운영·서비스·식자재 교육	체류비 등 점주부담
인테리어	3900	5200	6500	7800	목공사, 설비, 방수공사, 천정, 전기 등	평당 130만 원
간판	500	600	700	750	전면LED간판, 돌출간판 등	그 외 별도
닥트	550	700	850	1000	외부 2층 기본, 내부 및 주방 닥트	3층 이상 별도
테이블·의자	400	520	640	760	홀 의·탁자	
테이블렌지	270	350	430	510	2구렌지	
주방기기·홀집기	2100	2700	3300	3900	식기세척기, 주방기기 등	주물불판은 본사 무료 대여
인쇄·홍보·소품	200	250	300	400	이벤트, 전단지, 추억의 소품 일체	
합계	8920	1억1320	1억3720	1억6120		

참고문헌

김상혁(2009), 「외식마케팅론」, (서울: 백산출판사).

김영갑. 박노진(2016), 「성공하는 식당에는 이유가 있다」, (서울 : 교문
　　　사), 85.

김윤태(2016), 「현장실무, 외식산업개론」,(서울: 대왕사).

김진한(2008), 「전략적 포지셔닝 이론과 사례」, (서울: 와이미디어).

_____(2009), 「브랜드 포지셔닝」, (서울: 와이미디어).

김현희. 이대홍(2015), 「외식창업실무론「, (서울: 백산출판사), 18-19.

민계홍(2007), "한(韓)브랜드 활성화를 위한 전주지역 한식당의 메뉴
　　　품질평가에 관한 연구", The Korean Journal of Culinary
　　　Research, 제13권, 제3호.

박기용(2009), 「외식산업경영학」,(서울: 대왕사).

이동은, "국내외식 산업매출", 월간식당 2017.08 90-91

최혜련, "외식산업 성장 추이", 동아일보 2017.09.11

Altiok, P.(2011), "Applicable Vision, Mission and the Effects of Strategic Management on Crisis Resolve," Procedia-Social and Behavioral Sciences, 24.

Baldwin, C.R. & C.J. Woodard(2009), The architecture of Platforms: A Unified View, UK. Cheltenham: Platforms, Markets and Innovation.

Beshel, B.(2010), An Introduction to Franchising, Washington L IFA Educational Foundation.

Bumette, P.(2011), Mobile Technology and Medical Libraries: Worlds Collide, The Reference Librarian.

Genc, K.Y.(2012), "The Relation between the Quality of the Mission Statements and the Performances of the State Universities in Turkey," Procedia-Social and Behavioral Sciences, 58.

Knowle, M.S., E.F. Holton & R.A. Swanson(2012), The Adult Learner, 6th ed., Routledge.

Koslowski, P.(2010), Elements of a Philosophy of Management and Organization, Heidelberg: Springer.

Li, L.(2005), "The Effects of Trust and Shared Vision on Inward Knowledge Transfer in Subisidiaries

농림수산식품부 www.mifaff.go.kr/

본비빔밥 http://www.bonbab.co.kr/

사이버 외교사절단 반크 한식홍보대사 e-학교 http://www.food.prkorea.com/

삼성경제연구소 http://www.seri.org/

위키트리 http://www.wikitree.co.kr/

이츠의 홈페이지 http://www.socialeatz.com/

프래시안 http://www.pressian.com/article/

한국식품포털 http://www.foodinkorea.co.kr/

한국식품연구원 http://www.kfri.re.kr/

블로그 http://www.acrossthesea.org/

한눈에 읽는 외식창업 성공이야기 [시리즈 1]

외식산업 혁신 성장 전략

발 행 일 : 2018年 6月 1日

저 자 : 김 병 욱

발 행 처 : 킴스정보전략연구소

홈 페 이 지 : http://www.kimsinfo.co.kr

주 소 : 서울시 강동구 성내로8길 9-19(성내동
550-6) 유봉빌딩 301호(☎ 482-6374~5,
FAX : 482-6376)

출판등록번호 : 제17-310호(등록일: 2001.12.26)

인 쇄 : 으 뜸 사

I S B N : 979-11-7012-135-0

※ 당 연구소에서 발간하는 도서구입, 도서발행, 연구위탁, 강의, 내용질의,
컨설팅, 자문 등에 대한 문의 ☎(02)482-6374.